동사로
살다

박동섭 철학에세이

동사로

살다

관계와 실체를 오가는 삶

빨간소금

책을
펴내며

하지만, 언제부터인가 신은 땅을 떠나고, 의식은 무의식을 박차고, 생활은 믿음으로 바뀌게 되었다. 신이 승천한 사건, 진화사에서 '의식'이 자율성과 통일적 구심력을 얻게 된 사건, 문화인들이 앎과 믿음을 위해서 생활을 잃어버린 사건은 서로 밀접히 연관되어 있다.

첫 번째 사건은 종교와 우상 숭배를 낳았고, 두 번째 사건은 속칭 진보의 모든 현란한 품목을 낳았고, 세 번째 사건은 지식과 정보 사회를 낳았다.

우상과 품목과 정보는 모두 명사(名詞)다. 명사를 행위와 사고의 단위체로 여기는 인간들의 편벽은 우연 '의식'이라는 놀라운 자아 증폭 현상에서 비롯되었다(김영민(1996), 《컨텍스트로, 패턴으로》, 문학과지성사, 32~33쪽).

김영민의 《컨텍스트로, 패턴으로》에서 명사적 사고, 동사적 사고라는 말을 우연히 접했다. 처음에 이 명제는 물론이거니와 책의 내용을 전혀 알 수 없었다. 생소한 어휘꾸러미와 낯선 논리 전개 때문에 한 쪽 읽는 데 한나절 걸린 적도 있다. 그런데 지금까지 한국어로는 한 번도 읽어본 적 없는, 일종의 천둥소리 같은 예지의 말을 청취했다는 느낌이 들었다. 정성 들여 듣고 온몸으로 음미하지 않으면 안 되는 말이 갑자기 세계의 벽을 뚫고 나에게 다가온 듯했다.

세상에는 몰라도 상관없는 난해함과 시급히 어떻게 하고 싶은 난해함이 있다. 나는 명사적 사고와 동사적 사고라는 명제를 시급히 어떻게 하고 싶은 마음이 들어서 오랫동안 매달렸다. 그 덕분에 이제 나의 언어로 겨우 말할 수 있게 되었다. 수준으로 따지자면 김영민 중학교 2학년 정도 아닐까 싶다.

"계몽은 동사에서 명사를 잉태시켰으나 엉덩이가 무거워진 명사들은 자신을 낳아준 어머니 동사를 깔아뭉개고 있었다."

"명사, 혹은 명사적 사고만큼 인류사를 집요하고 지속적으로 지배했던 발명은 없었고, 아마 앞으로도 없을 것이다."

이 문장들은 오랫동안 목구멍에 걸린 가시 같았다. 생선 가시가 목에 걸리면 뭔가를 마실 때나 먹을 때 가시를 건드리지 않으려고 이런저런 궁리를 한다. 마찬가지로 "우리 모두 명사적 사고의 폐해에 속수무책으로 묶여 있다"는 이 난해한 말을 애써 피해왔다.

그러다 안 되겠다 싶어 생선 가시의 성분인 칼슘을 녹일 수 있는 음식을 집중적으로 먹었다. 명사적 사고라는 생선 가시를 삼키기 위해 내가 선택한 음식은 러시아 심리학자 비고츠키의 사상, 미국 사회학자 해럴드 가핑클이 창시한 에스노메스돌로지(Ethnomethodology), 가핑클의 동료이자 제자인 하비 색스가 창시한 회화분석(conversation analysis) 그리고 우치다 타츠루의 사상과 독립연구자 모리타 마사오의 텍스트였다.

나의 사고 바깥에 있는 개념과 감각을 육화할 수 있도록 언어, 사고, 감각을 단련하지 않으면 사상은 내부로 절대 들어오지 않는다. 이것은 자신의 어휘꾸러미를 무리하게 확장하고, 평소에 사용하는 통사법을 과감히 버리고, 가청 음역 밖의 음운을 듣고자 하는 노력에 비견할 수 있다. 늘어나지 않는 근육을 늘이고 굽히지 않는 관절을 애써 굽혀야만 사상은 비로소 무거운 입을 열기 시작한다. 이것은 언어, 사고, 감각을 단련함으로써 자신을 바꾸어가는 과정이라 할 수 있다.

우리는 마음에 떠오른 생각을 적절한 말로 번역해서 입 바깥으로 내면 누군가에게 가 닿을 것이라고 막연하게 믿는다. 그런데 그렇게 간단하지 않다. 피부는 일종의 경계선으로 기능한다. 그 경계선을 넘을 수 있는 말만이 우리에게 닿는다. 공기는 진동하는데 그 진동을 선택하지 않는 일이 일어난다. 도대체 어떤 기준일까? 자신이 쓴 말을 읽어본 경험을 떠올리면 잘 알 수 있다. 나는 논문을 한참 쓰던 대학교수 시절을 비롯해 지금도 내가 쓰거나 번역한 글을 몇 번이나 읽는다. 컴퓨터 화면의 원고, 교정지의 원고, 완성된 책을 읽는다. 그러면서 읽을 수 있는 말과 읽을 수 없는 말이 있음을 자각한다. 더 정확하게 말하면, 무심결에 읽는 말과 그냥 건너뛰고 읽는 말이 있다.

　내가 쓴 글이므로 무슨 생각으로 썼는지는 잘 알고 있다. 그래서 잘 아는 부분을 보통 건너뛰고 읽는다. 잘 안다기보다 너무 잘 아는 부분이다. '오늘은 2021년 10월 23일이다' 같은 문장은 너무 당연하다고 생각해 건너뛰고 읽는다(이런 부분에서 가장 오타가 많이 나온다). 누가 읽더라도 일의적으로 해석할 수 있기 때문이다. 반대로 일의적으로 해석할 수 없는 문장에서는 발을 멈춘다. "내가 쓰러지면 하나의 '직접성'이 쓰러진다. 서로 얽혀 있는 것을 싫어한 반항이 쓰러진다." 일본의 시인이자 철학자인 요시모토 다카아키(吉本隆明)의 말이다. 1960년대에 젊은이들이 이 문장을 사랑한 까닭은 유일성의 확신이 "그래서 나는 어떤 일이 있어도 쓰러져서는 안 된다"는 실천적인 결론으로 귀결되었기 때문이다. 내가 쓴 글을 읽을 때도 마찬가지다. 내가 이 말을 건너뛰고 읽으면 그때 하나의 해석 가능성이 세계로부터 사라진다. 그래서 전력을 다해서 듣지 않으면 안 된다. 읽지 않으면 안 된다.

　누군가의 귀에 닿는 말과 닿지 않는 말의 차이는 콘텐츠의 옳음이나 수사의 아름다움으로 결정되지 않는다. '이 메시지를 제대로 수신하는 사람은 이 세상에서 나뿐'이라는 느낌(착각이라고 말해도 좋다)을 수신자가 갖는지로 결정된다. 중요한 것은 콘텐츠가 아니라 수신처다. 모든 메시지에서 최우선시해야 할 것은 '나' 앞으로 온 메시지인지다. 타인 앞으로 온 메시지, 만인 앞으로 온 메시지는 굳이 수신하지 않아도 된다. 들어야 할 것, 읽어야 할 것은 자신을 수신인으로 하는 메시지뿐이다.

우리는 메시지의 의미를 몰라도 메시지의 수신인이 자신이라는 것은 알 수 있다. 처음 본 외국인이 이해할 수 없는 외국어로 말을 걸어도, 똑바로 눈을 맞추고 손을 잡는다면 메시지의 수신인이 나임을 아는 것처럼. 자신을 수신인으로 하는 메시지는 '당신이 아니면 수신할 사람이 한 명도 없다(없을지도 모른다)'는 절박함과 함께 다가온다. 우리는 거기에 저항할 수 없다. 그것을 차단할 수 없다. 흘려듣거나 건너뛰고 읽을 수 없다. 나는 명사적 사고와 동사적 사고를 그렇게 듣고 그렇게 읽었다. 돌이켜 보면 이런 말들은 나에게 큰 선물이었다.

'최초의 일격'은 이처럼 늘 뭔가 잘 모르는 것을 선물 받는 것부터 시작된다. 또는 뭐가 뭔지 잘 모르는 것을 증여받았다는 자각(혹은 착각)에서 시작된다. 나는 그 선물에 화답하기 위해서, 즉 누군가에게 증여자가 되기 위해서 이 책을 썼다. 이제 교환이 시작되었다. 반대급부의 의무를 추동시키는 것은 선물을 받았다는 사실이 아니다. 뭔지 잘 모르는 것을 선물받았다는 사실이다. 그 뭔지 잘 모르는 선물의 정체를 밝히는 일은 이 책에서 끝나지 않는다. 앞으로도 계속 이어갈 것이다.

사람은 누구든지 이 세상에 뒤처져서 등장한 존재다. 그래서 산다는 것은 계속 배우는 것이다. 앞서 세상을 살았던 사람들이 생각하고 자각하고 느꼈던 것을 새삼 자기 말로 사고하고 붙잡는 것이다. 독자 여러분도 이 책에서 '내가 화답하지 않으면 사라지는 말'을 꼭 찾아내 붙잡기 바란다.

차례

책을 펴내며 4

1부
내 눈에 비치는
모든 것이 메시지

방귀가 선물이 되는 순간 15
"나, 누나 좋아해요"의 현상학 23
가독성의 본질은 '쉬움'에 있지 않다 32
어른의 신 41
기계는 마음을 가질 수 있을까? 47
얕은 도덕과 깊은 도덕이 있을 뿐 61
악이 아니라 악인부터 시작하자 69
소수파의 말하기 79

2부
명사에서
동사로

사상은 언제 부활하는가? 85
어른이란 99
자립은 명사가 아니라 동사다 110
상식에 대해 상식적으로 생각하기 116
동사로 살기가 빠지기 쉬운 함정 124
교양 재생 프로그램 132

과거는 가변적이고 미래는 오지 않았다 140

역사 공부는 연대표 외우기부터 149

계속하는 힘 156

동사로서의 종교 164

가끔은 명사적 사고가 필요하다 170

3부
몰역사적 개체에서
사회문화적
사이보그로

마리는 과연 요리를 만들었을까? 179

허구와 현실의 다툼 191

사회문화적 사이보그인 나 200

남성/여성은 사회문화적 사이보그와 관계없죠? 210

24초 룰이라는 디자인된 현실 228

계산하는 생명 239

아빠, 그럼 지금부터 점심밥 먹자! 249

'일상'에서 ㄹ을 뺄 수 있다면 256

1부

내 눈에 비치는
모든 것이 메시지

방귀가
선물이 되는 순간

일본이 낳은 천재 영화감독 오즈 야스지로(小津安二郞)는 거의 커뮤니케이션만을 주제로 영화를 만들었다. 일본 사회 한구석에서 일상적으로 일어나는 사건을 담담하게 그려낸 그의 작품이 사후 반세기를 훨씬 지나서도 세계적인 인기와 존경을 받는 까닭은 무엇일까? 그가 커뮤니케이션의 본질을 간파하고 있었기 때문이다.

오즈 야스지로의 대표작 〈안녕하세요(お早う)〉(1959)에는 아이들이 방귀로 커뮤니케이션하는 에피소드가 반복해서 나온다. 이마를 누르면 '뿌' 하고 방귀로 대답하는 놀이가 아이들 사이에 유행하고

있었다. 호출과 응답만 있고 콘텐츠가 없는 순수한 커뮤니케이션 게임이다.

셴은 이 방귀 커뮤니케이션의 달인으로 아이들 사이에서 영웅이다. 셴의 아버지는 관록이 붙은 방귀의 달인이다. 출근 전에 옷을 입으면서 뿡뿡 방귀 뀌는 것이 다반사다. 그러면 부엌에서 일하고 있던 아내가 잠시 일을 멈추고 거실에 모습을 드러내며 "당신 불렀어요?"라고 말한다. 남편은 "아니"라고 대답한다. 다시 방귀. 다시 아내가 부엌에서 나와 "뭐라고?" 묻는다. 그러자 남편은 "오늘 ○○○에 가는데 갈분떡이라도 사올까?"라고 아내를 배려하는 말을 한다. 그 말에 아내는 미소 지으면서 "응, 사와요. 아 정말 좋은 날씨!"라며 남편에게 축복을 보낸다.

이 장면은 일견 코믹한 상황 설정으로 볼 수 있다. 하지만 나는 이 장면이야말로 커뮤니케이션의 본질을 정말 잘 보여준다고 생각한다. 남편이 아무 생각 없이 발신한 방귀를 자신에게 보낸 메시지로 오해하고, 그것에 두 번 진지하게 응답한 노고에 힘입어 아내는 남편으로부터 자신을 배려하는 마음을 끌어낸다. 무의미하고 우연히 만들어진 음향(방귀)을 자신을 부르는 소리라고 잘못 알아들은 사람에 의해서 세계는 비로소 의미를 얻는다.

그렇다면 세계를 의미로 채우고 세계에 새로운 인간적 가치를 창출하는 것은 인간만이 갖춘 능력이 아닐까? 즉, 어떠한 것이라도 자신을 위한 메시지(라캉의 표현을 빌리면 파롤)라고 착각할 수 있는 능력 말이다. 이처럼 인간 세계를 성립시키는 것은 "나는 그 음을 다름 아닌 나를 향한 메시지로 알아들었습니다(혹은 착각했습니다)"라는 언어를 발하는 인간이 존재한다는 원사실이다. 가치 생성은 그것보다 전으로 거슬러 올라갈 수 없다.

〈안녕하세요〉의 마지막 장면 또한 커뮤니케이션의 본질이 무엇인지 잘 보여준다. 평소에 서로를 마음에 두고 있으면서 정작 만나면 아무 말도 못하는, 아이들한테 과외로 영어를 가르치는 선생님과 아이들의 고모가 나누는 대화 장면이다. 기차역에서 두 사람은 변함없이 날씨 이야기로 시종일관한다. 이 정말 아름다울 정도로 무의미한 반복에서 오즈 야스지로는 이상적인 커뮤니케이션 형태를 발견한다.

영어 선생님 아, 안녕하세요?

고모 안녕하세요. 어젯밤에는 고마웠습니다.

영어 선생님 별말씀을.

고모 어디 가시는 길인가요?

영어 선생님 니시긴자에 갑니다.

고모 아, 그러면 저도 함께.

영어 선생님 아, 정말 좋은 날씨군요.

고모 맞아요. 정말 좋은 날씨예요.

영어 선생님	이 상태 같으면 2~3일은 갈 것 같군요.
고모	맞아요. 계속 갈 것 같아요.
영어 선생님	아, 저 구름 재미있게 생겼네요.
고모	아, 정말로 재미있는 모양이에요.
영어 선생님	뭐하고 닮은 것 같은데…….
고모	맞아요! 뭐하고 닮았어요.
영어 선생님	날씨가 좋군요.
고모	정말로 좋은 날씨예요.

만약 커뮤니케이션의 본질적인 의의가 유용한 정보의 전달에 있다면, 이것은 커뮤니케이션이 아니다. 고모는 영어 선생님의 말을 단지 반복하고 있을 뿐이다. 이 회화로부터 고모가 알아낸 정보는 '영어 선생님이 니시긴자 방면으로 간다'뿐이다. 그리고 영어 선생님이 고모로부터 받은 유의미한 정보는 아무것도 없다. 그런데도 아니 그러므로 이것은 틀림없는, 그것도 아주 고도의 커뮤니케이션이다.

영화에 아역으로 등장하는 미노루와 오사무가 아직 이해하지 못하는 것을 영어 선생님과 고모는 경험적으로 알고 있다. 커뮤니케이션의 진짜 목적은 유용한 정보의 전달이 아니라 메시지의 증여와 답례를 통한 공동체의 구축(사랑을 나누는 실천 공동체)이다. "어디에 가시는 길인가요?"라고 묻는 사람은 목적지를 묻는 것이 아니다. '어디에 가시든지 당신의 걸음에 신의 가호가 있기를' 같은 축복의 말을 선물하기 위해서다. 이 물음에는 고마움을 담아서 "니* 긴자에 갑니다"라고 대답하는 것으로 충분하다.

문화인류학자 레비스트로스는 사람들의 커뮤니케이션을 기동시키는 것은 말의 의미가 아니라, 말이 송신자로부터 수신자에게 전달될 때 수신자가 느끼는 반대급부의 심리적인 의구감이라는 탁견을 제시했다.

> 인간들에게 파롤(발어) 교환을 강제한 최초의 충동은 이분할된 표상(그것은 처음으로 출현한 상징적인 기능으로부터 파생한) 안에서 찾아야 하지 않을까? 어떤 음향적인 사상(事象)이 그것을 입에 담은 사람에게도, 그것을 들은 사람에게도 동시에 하나의 직접적인 가치를 증여하는 것으로 해석될 때 그 음향적 사상은 하나의 모순된 성질을 획득한다. 즉 보완적인 가치 교환에 의한 이외 중립화는 불가능하게 된다. 모든 사회적 활동은 여기로 귀착한다(Claude Lévi-Strauss(2021), 《Wild Thought: A New Translation of "La Pensee sauvage"》, University of Chicago Press, pp. 36~37).

레비스트로스의 난해한 말을 쉽게 풀면 다음과 같다. 한 사람이 어떤 음성(예를 들면 "와오")을 발했다. 발화된 음성을 들은 다른 사람이 그것을 자신을 향한 메시지, 즉 증여 혹은 선물로 느꼈다. 경제인류학에 따르면, 증여가 발생시킨 불균형을 해소할 수 있는 유일한 방법은 증여받은 자가 보완적인 가치로 답례하는 것뿐이다. 왜 어떤 음을 증여라고 느꼈는지, 왜 증여에 대해서 반대급부의 의무를 느끼는지 그 인류학적 기원을 우리는 모른다. 어떤 표상을 '증여로서 들었다'고 믿은 인간(듣는 이)과 어떤 표상을 '기호로서 선물했다'는 인간(말하는 이)이 동시에 출현했다는 사실만이 확실하다.

발신자가 먼저 실체로 있고 실체로 있던 수신자가 실체로서의 메시지를 들은 것이 아니다. 바꿔 말하면, 발신자라는 명사와 수신자라는 명사가 먼저 있고 그 명사로서의 수신자가 실체로서의 메시지를 또 다른 명사로서의 발신자에게 전한 것이 아니다. 발신자와 수신자, 그리고 메시지는 특정한 행위와 그 행위에 대한 반응의 사후적 결과다. 이 "와오"가 우연히 발성된 음(하품이나 트림 같은)이 아니라 파롤의 선물이라는 것은 수신자가 증여로서 승인하지 않으면 성립하지 않는다. 물론 여기서 수신자 또한 사후적으로 구축된 일종의 현상 혹은 사건이다.

이것이 바로 언어가 발생한 순간의 이야기다. 아직 언어는 태어나지 않았다. 따라서 아직 존재하지 않은 언어의 화자 그리고 청자가 있을 리 없다. 기호는 이 "와오"가 증여라는 것을 두 사람이 동시에 승인했을 때 생성된다. 바꿔 말해 기호는 명사가 아니라 동사다.

이 언어의 발생 정황에 관해서 철학자 라캉은 화려한 비유를 사용해 다음과 같이 설명한다.

> 오디세이와 그의 동료들이 탐험 도중에 돼지로 바뀌어 돼지우리에서 "꿀꿀" 계속 울고 있었다. 라캉은 '이것을 인간의 파롤로 듣기 위해서는 어떤 조건이 필요한가'라는 물음을 세웠다. 돼지우리라는 닫힌 공간에서 밀치락달치락 웅성대는 이 목소리, 우리 귀에 들리는 "꿀꿀"이라는 울음소리가 인간의 파롤이라는 것을 어떻게 알 수 있을까?(Slavoj Žižek(2011), 《How To Read Lacan》, Granta Books, p. 121)

라캉은 자신이 세운 물음에 이렇게 대답한다.

> 돼지의 "꿀꿀"이라는 울음소리가 파롤이 되는 것은 '그 울음소리가 무엇을 믿게 하려는 것일까?'라는 물음을 누군가 세울 때뿐입니다. 파롤은 누군가 그것을 파롤이라고 믿을 때 비로소 파롤입니다(위의 책, p. 123).

파롤이 파롤로서 인지되는 것은 파롤을 두 명의 인간이 동시에 인지할 때뿐이다. 그것을 인지하기 전에는 발신자도 수신자도 언어도 아직 실체(명사)로서 존재하지 않는다. 메시지를 말하는 주체와 듣는 주체, 그리고 메시지는 일체가 되어 일종의 카오스 상태로 있다.

'당신과 내가 드디어 얼굴을 마주하고 대화를 나누는군요'를 내포하는 메시지는 이 카오스로부터 언어와 주체가 기동하는 결정적인 계기다. 그러므로 일상에서 "자, 그러면 내일 보자", "어, 내일 봐", "사랑해", "응, 사랑해"라는 동어반복적인 대화를 수행할 때, 우리는 언어와 말하는 주체 그리고 듣는 주체가 이 세계에 출현한 기원을 재연하고, 그 기원의 순간을 함께 축복하는 셈이다. 이러한 메시지는 라캉의 비유를 빌려서 말하면 '당신이 발한 음성은 돼지 울음소리가 아니라 인간의 말이다'라는 승인이다. 간단하게 말해서 '당신은 인간 주체다'라는 승인이다.

이처럼 커뮤니케이션은 우리 생각보다 훨씬 근원적이다. 우리는 뭔가 유의미한 메시지를 주고받기 위해서 커뮤니케이션을 이용하는 것이 아니다. 유의미한 메시지의 주고받음을 구실로 언어와 주체(청자와 화자), 메시지가 생성된 영광의 순간, 즉 인간이 인간이 된 순간을 매일 축복하고 있다.

"나, 누나 좋아해요"의
현상학

　이른바 쌍팔년도의 추억을 돋게 해주었던 드라마 〈응답하라 1988〉에서 쌍문고등학교 2학년생 선우는 또래 친구 덕선의 언니인 서울대학교 수학교육과 2학년생 성보라를 내심 마음에 두고 있다. 선우는 어느 날 큰맘 먹고 보라에게 고백을 결심한다. 그 장면을 복기해 보자.

　눈 오는 골목에서 보라를 기다리는 선우. 보라는 얇은 옷을 입고 총총걸음으로 걸어오다가 선우와 마주친다. 선우는 춥다는 보라의 말에 바로 자기 옷을 벗어준다. 반소매 셔츠 입은 걸 보니 눈 오는 것

보고 신나서 바로 코트만 걸치고 보라를 찾아온 듯하다.

보라   너 여기서 뭐 하냐?
선우   누나 기다렸어요.
보라   나를? 왜?
선우   할 말 있어서요.
보라   해.
선우   진짜 해요?
보라   어, 해.
선우   누나 좋아해요.
보라   (멀뚱멀뚱)
선우   누나 좋아한다고요.
보라   나도 너 좋아해.
선우   장난 아닌 거 아시잖아요. 진심이에요.
보라   나 남자친구 있어.
선우   알아요.
보라   그리고 너 남자로 생각해 본 적 한 번도 없어.
선우   네, 알아요.

선우의 "누나 좋아한다고요"라는 고백에 보라는 잠시 틈은 있었지만 "나도 너 좋아해"로 응수한다. 분명히 보라가 "나도 너 좋아해"라고 말했음에도 선우는 다시 "장난 아닌 거 아시잖아요. 진심이에요"로 응수한다.

여기서 아무도 떠올리지 않을 것 같은 물음을 애써 던져보자. 일단 선우는 보라가 자신을 이성으로 좋아하지 않는다는 사실을 어떻게 알았을까? 우리 또한 두 사람이 나눈 대화를 보고(혹은 듣고) 그 사실을 어떻게 알았을까?

우리가 사용하는 말 중에 '좋아한다'만큼 오해의 여지를 품고 있는 말도 없다. 나훈아의 노래 〈아이라예〉는 다음과 같이 시작한다.

니 내를 사랑하나 아이라예
거라면 싫어하나 아이라예

이 "아이라예"의 의미는 말하는 사람의 표정, 말하는 톤, 앞뒤 문맥에 따라 때론 흔들리고 때론 확정된다. 그런데도 우리는 일상 회화에서 상대방이 한 말의 의미를 나름 틀리지 않고 잘 받아들인다. 우리는 이 노래에서 "아이라예"를 여성이 남성을 사랑하지는 않지만 좋아는 한다는 의미로 받아들인다.

다시 〈응답하라 1988〉로 돌아가서, '좋아한다'는 말하는 방식과 앞뒤 문맥에 따라서 '이성으로서 좋아하다'와 '이성으로서는 좋아하지 않는다'는 전혀 반대의 의미를 띨 수 있다. 그런데 보라의 "좋아한다"가 동생으로서는 좋아하지만 이성으로서는 흥미 없음을 의미한다는 것을 선우는 어떻게 곧바로 식별할 수 있었을까? 이 글을 읽는 여러분의 경험에 비추어서 생각하면 금방 알 수 있다. '좋아해?'라는 물음과 '응, 좋아해'라는 대답 사이의 틈이 유의미하게 짧았기 때문이다. 흔히 이성으로 좋아할 때는 "……음……좋아해"처럼 아주 미세한 몇 초의 망설임이 있기 마련이다. 즉, 우리는 물음에 대한 아주 미세한 반응 속도 차이로 에로틱한 언명과 비에로스적인 언명을 식별하곤 한다.

여기서 던질 수 있는 아주 중요한 질문 한 가지. 그럼 인간은 어떻게 이런 귀찮고 복잡한 일을 평소에 아무렇지 않게 척척 해낼까? 고대 이집트인은 ken을 음의 높낮이나 몸짓을 미묘하게 달리해서 강함과 약함을 구별했다. 당시 사람들도 꽤 귀찮은 일을 했던 것 같은데, 이러한 현상은 동서고금을 막론하고 모든 언어에서 관찰된다.

프로이트 또한 비슷한 사례를 열거한다. 라틴어의 altus는 '높다'와 '낮다' 두 가지 의미가 있고, sacer에는 '신성한'과 '저주받은'이라는 의미가 있다. 영어의 with에는 '그것과 함께'와 '그것 없이'라는 의미가 있었는데, 오늘날에는 '그것과 함께'로만 쓰고 있다. 하지만 withdraw(빼내다), withhold(주지 않다) 같은 동사에는 '그것 없이'라는 옛 뜻의 흔적이 남아 있다. 이처럼 하나의 말을 여러 뜻으로 사용하는 까닭은, 우리가 우선해서 습득하는 커뮤니케이션 능력이 그때그때 가장 적합한 한 가지 뜻을 지닌 기호를 구분하는 것에 있지 않기 때문이다. 오히려 같은 말 안에서 서로 다른 결을 읽어내는 데 있다.

앞의 글에 썼듯이, 우리가 일상에서 나누는 "그럼, 내일 봐" "응, 내일 봐"라든가 "사랑해" "나도 사랑해"라는 동어반복적인 대화는 언어와 주체의 탄생 기원에 관한 재연이다. 우리는 유의미한 메시지를 주고받는다는 구실로 실은 언어와 주체(화자와 청자)가 태어나는 영광의 순간, 즉 인간이 인간이 되는 순간을 날마다 축복하고 있는 셈이다. 이렇게 언어가 성립된 원초의 감동을 경험함으로써 그 기원적 사건을 재연하는 것이 우리를 커뮤니케이션으로 이끄는 근원적인 동기라면, 커뮤니케이션의 의미는 지나치게 일의적이고 딱 떨어져서는 안 된다. 미가공의 부분, 인간의 주체적 관여에 의해 비로소 메시지가 될 여지가 있어야 한다. 그런 인간의 주체적 관여에 대한 우치다 타츠루의 생각은 아주 탁월하다.

우리는 반대되는 혹은 충분히 다른 의미로 사용될 수 있는 말을 적절하게 알아들음으로써, 거의 완성된 반제품에 마지막 칼질을 해 카오스에서 코스모스가 생겨나는 순간을 만난다. 상반되는 두 가지 의미를 띤 언어 사이에서 말이 흔들리는 까닭은, 애매함의 안개가 다 걷히고 말하는 이와 듣는 이 사이에서 표상이 공유되는 순간의 감동을 부활시키기 위해서일 것

이다(内田樹(2004), 《死と身体—コミュニケーションの磁場》, 医学書院, pp. 220~221).

인간의 주체적 관여를 학술에 담아내려고 노력한 사상 중에 회화 분석만한 것이 없다. 다음 세 가지 회화 상황을 잠시 살펴보자.

A
가 니 리포터 냈나?
나 어.

B
가 니 리포터 냈나?
나 니는?

C
가 니 리포터 냈나?
나 마 나나라('제발 그냥 놔둬'의 경상도 말).

"니 리포터 냈나?"와 관련한 세 가지 회화 패턴(conversation pattern)은 무엇보다 우리의 징그러울 정도로 복잡한 삶의 한 단면이라고 할 수 있다. 질문하면 그에 대해 대답할 때가 있지만(A 상황) 반드시 그런 것도 아니다(B 상황은 질문에 질문으로 응수한다). 그리고 언뜻 질문으로 보이는 것도 문맥과 상대방의 반응에 따라 질타가 될 수 있다(C는 두 사람의 대화로 보아 질책-응수의 상황이라고 할 수 있다). 이런 필연(질문이 나오면 반드시 응답이 나와야 한다)에 치우치지 않고, 그렇다고 완전히 우연(어떤 말에 대한 대구로 무슨 말이든지 해도 좋다는 뜻은 아니다)으로 전락하지 않는 삶의 복잡성을 김영민은 《컨텍스트로, 패턴으로》에서 "우연적 필연성" 혹은 "빙충맞은 고집이 없는 필연성"으로 표현한다.

내친 김에 일상 회화를 하나 더 분석해 보자. 잔칫집이나 집들이에 가면 상다리가 부러지게 음식을 차려낸 주인이 으레 하는 말이 있다.

"차린 것이 없어서 죄송하네요."

이 말을 들은 손님들은 주인의 말을 다시 주워서 입에 넣으려는 듯이 달려들어 말한다.

"무슨! 상다리가 부러지는구만."

"와, 점심 굶고 오길 정말 잘했다."

주인의 말은 진심이었을 수도 있다. 그러나 우리의 경험에 따르면 그렇지 않다. 그래서 자신이 한 말에 손님들이 아무런 대꾸 없이 젓가락을 든다면 크게 상심할 것이다. 이때 주인의 "차린 것이 없어서 죄송하네요"는 그야말로 "움푹 팬 곳(slot)"을 만들어낸다. 움푹 팬 곳이란 회화분석을 창시한 하비 색스가 말하는, 화자가 청자에게 어떤 특정한 말이 뒤따라 나오도록 제공하는 장소를 뜻한다. 우리가 평소에 하는 말을 잘 관찰해 보면, 듣는 이가 말하기 쉬운 상황이 되도록 여건을 마련해준다는 것을 알 수 있다. 예컨대 '대답'이 나올 수 있도록 질문한다든지, '사과'가 나올 수 있도록 질책하는 것처럼. 주인은 "차린 것이 없어서 죄송하네요"라는 말로 상대방에게 자신이 차려낸 음식에 대한 칭찬과 감사의 말을 할 수 있는 기회(움푹 팬 곳)를 제공했다고 볼 수 있다.

그러나 내가 한 말이 만들어낸 움푹 팬 곳에 상대의 말이 수학의 알고리즘처럼 늘 일관되게 굴러떨어지는 것은 아니다. "무슨! 상다리가 부러지는구만"이 무조건 나온다는 보장은 어디에도 없다.

"아, 진짜 먹을 것 없네. 다음부터는 밖에서 먹자."

이런 반응이 나올 수 있다. 실제로 허물없는 친구 사이에서는 이런 농담으로 주인의 인사치레를 받아치기도 한다. 물론 이 말이 농담이라는 것을 서로의 표정과 몸짓 그리고 연이어 나오는 화자와 청자의 말이 증명한다. 즉, 상대방에게 인사하도록 화자가 인사했다고 해서 청자가 반드시 인사한다는 보장은 어디에도 없다. 그런데도 이 "움푹 팬 곳"의 비유가 회화분석이 찾아내려는 질서나 규칙의 성격을 이해하는 데 도움이 된다. 이처럼 회화분석이 조준하고 건져 올리는 것은 자연과학이 대상으로 하는 질서나 규칙과 본질적으로 다르다. 회화

분석은 어떤 규칙과 질서에 우연성이 더해지는 묘미까지 포착한다.

회화분석이 주목하는 인간의 복잡 미묘한 삶의 모습은 반복되는 전형성이 있으면서, 동시에 과학이라는 이름의 오라를 두른 개념의 체계 속에 액자화할 수 없는 생명력이 있다. 그런 의미에서 선우와 보라가 나눈 "누나 좋아해요" "나도 너 좋아해"라는 회화는, 기계의 특징이기도 한 규칙 따르기와 인간의 특징이기도 한 생명의 아슬아슬한 줄타기가 빚어낸 하이브리드라고 할 수 있다.

가독성의 본질은
'쉬움'에 있지 않다

 아기가 모국어를 습득하는 원동력은 부모의 말을 '자신을 수신인으로 하는 코드화된 메시지'로 이해할 수 있기 때문이다. 그러나 이것은 말처럼 그리 간단하지 않다. 아기에게 코드, 메시지, 자신 같은 개념이 있을 리 없다. 그런데도 아기는 뭔가를 알게 되고, 그것을 발판 삼아서 결국에는 이 개념들을 습득한다.

 이때 아기가 처음으로 배우는 것은 과연 무엇일까? 아마도 '당신에게 말을 전하고 싶다'라는 부모의 도무지 억제할 수 없는 욕망일 것이다. 그 욕망만큼은 어떤 아기라도 분자생물학적 수준에서 감지할 수 있다. 아기는 그 욕망이 자기에게 닿으면 왠지 기분이 좋다고 느낀다. 여러 좋은 일이 계속해서 일어날 확률이 높기 때문이다. 밥을 먹여주거나, 몸을 만져주거나, 배설물을 처리해주는 따위의. 그 상관관계를 아기는 생물학적 발생의 최초 시기에 학습한다. 그러면서 자기 주위에서 오가는 메시지 가운데 자신을 수신인으로 하는 것과 그렇지 않은 것을 식별하는 능력을 발달시킨다. 자신을 수신인으로 하는 메시지에는 반드시 쾌와 불쾌에 관련한 사태가 따라붙는다는 사실을 알아차린다.

이처럼 인간이 태어나 처음으로 획득하는 커뮤니케이션 능력은 메시지의 내용을 이해하거나 진위를 판정하는 것이 아니라, 그 메시지가 '누구를 수신인으로 하는가'를 판별하는 것이다. 아무리 훌륭한 내용, 정치적으로 올바른 이야기, 아름다운 언어라 하더라도 수신자가 '아, 이건 나를 수신인으로 하는 메시지가 아니다'라고 생각하면 메시지는 허망하게 공중에서 사라진다. 그런데도 메시지의 전달력은 내용의 진리성과 상관있다고 믿는 사람이 꽤 있다. '내용이 옳다면 어떤 말투 어떤 문체라도 상관없다, 그것은 부차에 지나지 않는다, 옳은 말은 반드시 전달된다!'

그러나 사람은 자신을 수신인으로 하지 않는 메시지를 이해하기 위해서 지적 자원을 잘 사용하지 않는다. 가령 독자는 자신을 수신인으로 하는 메시지라고 생각하면 반응하고, 그렇지 않다고 생각하면 그냥 책을 덮어버린다. 처음 5~6줄 정도 읽기로 충분하다. 읽기는 어느 정도 이상의 의식 집중 없이는 이루어낼 수 없다. 멍하니 침대에 누워 읽어서는 한 줄도 머리에 들어오지 않는다. 집중해서 문자열과 마주하지 않으면 책을 읽어낼 수 없다. 따라서 '다 읽고 나서 독해 가능하다는 것을 알았다'는 명제는 비논리적이다. 책을 펼쳤을 때 '앗, 이것은 독해 가능해'를 직감할 수 없으면 마지막까지 다 읽지 않기 때문이다. 장대한 책을 돌파하는 데 필요한 인내와 집중력을 담보하는 것은 바로 이 직감이다.

성경에 나오는 '신의 목소리'가 처음으로 족장과 예언자들에게 내려왔을 때 그것은 이해 불능 상태였을 것이다. 대지가 갈라지는 듯한 엄청난 굉음이거나 하늘을 뚫고 나오는 천둥 같았을 것이다. 즉 인간이 이해할 수 있는 언어의 형태가 아니었을 것이다. 아무리 생각해도 신이 인간과 똑같은 어휘꾸러미와 문법 규칙을 사용했을 리 없다. 그러므로 신의 말은 원리적으로 의미 불명 상태였을 것이다. 아니, 의미 불명이 아니면 안 되었을 것이다. 그런데도 족장과 예언자들은 자신을 그 메시지를 들어야 하는 수신인이라고 생각했다. 그리고 진지하게 그 목소리에 귀를 기울였다.

〈창세기〉에 따르면 주는 아브람에게 이렇게 말했다.

"당신이 태어난 고향, 당신 아버지의 집을 떠나서 내가 가리키는 땅으로 가라."

여기서 말하는 태어난 고향, 아버지의 집은 내 말과 논리가 통하는 친밀한 공간을 가리킨다. 주는 그곳을 나와서 당신의 말이 통하지 않는, 당신의 논리가 유효하지 않은 곳으로 가라고 한다. '주여, 그게 무슨 말씀입니까?'라고 아브람은 묻고 싶었을 것이다. 아마도 입 밖으로 내뱉었을 것이다. 하지만 언제나 그렇듯이 대답은 없었다.

그러다가 주의 축복을 얻어서 아브람이 아브라함으로 개명한 뒤에는 "당신의 아이, 당신이 사랑하는 외아들 이삭을 데리고 모리야의 땅으로 가라. 그리고 내가 가리키는 산 위에서 불태운 희생양으로서 이삭을 나에게 바쳐라"라고 말한다. 아브라함에게는 이 말 또한 의미 불명이었을 것이다. 왜 이만큼 오랫동안 주를 우러러 받들고 계율을 지켜온 내가 사랑하는 외아들을 "불태운 희생양"으로 신에게 바치지 않으면 안 되는가? "그게 무슨 말씀입니까?"라고 반문해도 주는 대답을 내려주지 않았다. 어쩔 수 없이 아브라함은 이삭을 데리고 모리야의 땅으로 간다. 이삭을 묶어 제단 위에 올리고 칼을 꺼낸다. 그때 천사가 하늘에서 내려와 "이제 됐다"고 말한다.

"당신이 신을 두려워한다는 것을 잘 알았다. 당신의 아이, 당신의 외아들조차 아까워하지 않고 나에게 바쳤다."

주로부터 전해진 명령의 해제 사유였다(솔직히 말해서 나는 이 설명은 사족이라고 생각한다. "이제 됐다"는 말만으로 충분히 계시지가 전해졌기 때문이다).

'네 아이를 죽여라'라는 의미 불명의 메시지를 받아들고서 아브라함은 꽤 고민했을 것이다. 주는 나에게 무엇을 시키고 싶어서 이런 말을 하는가? 그러나 알 수 없었을 것이다. 단지 하나는 알았을 것이다. 바로 이 메시지의 수신인은 나다! '다른 사람에게 가야 할 메시지가 잘못 배달돼서 나에게 온 것은 아닐까'라고 한순간도 의심하지 않았다. 그래서 아브라함은 주의 말을 따랐다. 그리고 주는 그런 아브라함을 믿었다. 내용의 문제가 아니라 수신인의 문제였다. 아브라함은 그것을 직감하고 있었다. 이렇게 수신인을 자신으로 하는 메시지(의미 불명이라도, 때에 따라서는 의미 불명이기 때문에)라는 인류학적인 예지가 아브라함 안에 깊게 침투했다.

　성경에는 주를 향해서 '잘못 배달된 것 아닙니까?'라고 불만을 토하는 사람 이야기가 나온다. 욥이다. 욥은 아브라함과 마찬가지로 신앙생활을 하고 있었다. 그런데 갑자기 불행한 일을 당한다. 가족과 가산을 잃고 죽을병에 걸린다. 욥은 신의 뜻이라는 것을 알고 있었다. 하지만 납득할 수는 없었다. 그는 신에게 항의했다.

　"나는 오랫동안 신앙을 갖고 계율을 지켜왔습니다. 그런데 불행해졌습니다. 신이여, 이것은 말이 좀 안 되지 않나요? 벌을 내릴 상대가 잘못된 게 아닙니까?"

　이렇게 욥은 자신이 메시지의 수신처라는 점을 거부한다. 욥은 그래서 더 큰 벌을 받는다.

칵테일파티에서 수십 명이 웅성대고, 시끄러운 음악이 울리고, 여기저기서 술잔 부딪히는 소리가 나더라도 누군가 내 이름을 입에 올리면 솔깃한다. 자신에 관한 평가에는 귀를 쫑긋 세우기 마련이다. 우리가 사회적 동물인 이상 당연하다. 자신이 속한 사회에서 어떠한 위치에 있는지를 살펴야 하기 때문이다. 자신에 관한 욕이나 험담은 절대로 흘려듣지 않는다. 자신을 욕하는 사람을 언제나 찾고 있기 때문이 아니다. 오히려 자신에 대한 경의의 징후나 표시를 늘 찾고 있어서 그 부정태에도 격하게 반응한다.

나는 험담보다 경의의 말이 멀리까지 닿는다고 생각한다. 수신자에 대한 경의를 품고 있는 메시지가 가장 멀리까지 닿는다. 우리는 이런 메시지에 대해서는 놀랄 정도로 민감하게 반응한다. 그 내용이 설령 이해 불능 상태라고 하더라도 말이다. 사람은 자신에게 향하는 애정을 놓치기는 해도 자신에 대한 경의를 놓치지는 않는다.

레비나스의 텍스트는 누군가를 험담하는 메시지보다 경의의 메시지가 멀리까지 닿는다는 사실을 잘 보여준다. 레비나스가 쓴《곤란한 자유》에 〈성인의 종교〉라는 짧은 에세이가 실려 있다. 홀로코스트를 경험한 프랑스 유대인 사회의 최대 문제는 '왜 신은 우리를 버렸는가?'였다. 왜 동포 600만 명이 학살된 고난의 시대에 신은 우리를 구하기 위해 현현(顯現)하지 않았을까! 그런 이유로 조상들이 믿어왔던 종교를 버리는 사람들이 나왔다. 그 사람들에게 레비나스는 다음과 같이 말한다.

당신은 어떤 신을 믿었단 말인가? 당신이 선행하면 보상하고 악행을 저지르면 처벌하는, 그런 권선징악의 원리로 움직이는 단순한 신을 지금까지 신앙의 대상으로 삼아왔는가? 그렇다면 그것은 '유아의 신'이다. 홀로코스트는 인간이 인간에게 저지른 죄다. 그런 이상 그것을 판가름하고 상처받은 사람들을 치유하는 것은 인간의 일이다. 지상에 정의를 실현하는 것은 인간의 일이지 신의 일이 아니다. 인간이 해야 할 일에 신의 지원을 바라는 것은 자신이 유아임을 고백하는 것과 똑같다. 만약 신이라는 존재에 걸맞은 위덕(威德)이 있다면, '신의 지원 없이 지상에 정의와 자애를 실현할 수 있는 성숙한 인간을 창조한 것' 이외에는 없다(内田樹(翻訳)(2008),《困難な自由―ユダヤ教についての試論》, 国文社, pp. 32~33).

레비나스는 홀로코스트의 시간에서 신의 침묵을 인간에 대한 절대적인 신뢰에 기초해서 신이 내린 부탁으로 해석한다. 그럼으로써 무너져 가는 유대인 공동체를 벼랑 끝에서 밀어 올리고 허무주의에 빠진 유대인들을 다시 율법의 학습과 계율의 준수로 돌려놓았다. 이때 레비나스가 구사한 논리에 내가 지금까지 이야기한 가독성의 핵심이 들어 있다. 최종적으로 인간이 그 말에 귀를 기울이는 까닭은 '청자에 대한 깊은 경의'가 있기 때문이다.

레비나스는 신의 침묵을 신의 피조물에 대한 절대적인 신뢰라는 메시지로 바꾸어 읽었다. 이런 읽기는 목숨을 건 도약이라고 할 정도의 논리적 곡예다. 그런데 레비나스의 말은 그 후 넓고 깊게 유대인 사회에 침투했다. 멈출 수 없을 것 같았던 배교의 움직임이 레비나스의 연설을 계기로 딱 멈췄다. '신은 우리를 버린 것이 아니다. 오히려 신은 우리를 믿고 있었다'는 레비나스의 해석에 유대인들은 분노를 누그러뜨리고 울부짖음을 멈추고 잠자코 신의 목소리에 귀를 기울였다.

내용이 아니라 수신처와 수신인이 중요한 까닭은 메시지가 본질적으로 선물이기 때문이다. 증여의 본질은 "이것을 받아주세요"라고 내미는 것이다. 그때 누군가에게 전달되는 이것에는 별 뜻이 없다(뜻이 있다고 생각하는 사람이 많은데 틀렸다). "자, 받으세요"라는 증여 행위 자체가 중요하다. "자, 받으세요"는 당신이 거기에 존재한다는 중대한 인지적 언명을 포함하고 있다. "확실히 받았습니다"라는 답례도 마찬가지다. 그것은 '나에게 증여한 당신이 거기에 존재한다'는 언명과 다르지 않다. 이 상호인지, 즉 '당신이 거기에 존재한다'는 말을 서로에게 선물하는 것이 증여의 본질이다.

족장 및 예언자들과 마주했을 때 주는 수신인 혹은 수신처를 개시함으로써 '당신들은 존재한다'는 말을 선물로 토냈다. 그리고 인간은 '신은 존재한다'는 말로 응대했다. '나는 이해할 수 없지만, 그 메시지의 수신인은 다름 아닌 나라는 사실을 확신했다'는 사람들이 출현한 것이다. 바로 그 순간에 일신교 신앙의 기초가 만들어졌다. 조물주는 '나는 신에 의해서 창조된 것이다'라는 피증여의 자각을 가진 자가 출현할 때까지 조물주로서 존재하지 않았다. '나는 불완전한 피조물이다'라는 인식에 도달한 자가 등장함으로써 완전한 조물주라는 개념이 발명되었다.

어른의 신

프랑스 작가 알베르 카뮈가 1947년에 발표한 장편소설 《페스트》는 치사율이 높은 감염증인 페스트의 맹위에 노출된 프랑스령 알제리의 항구도시 오랑을 무대로 삼고 있다. 감염 확대를 막기 위해 외부 세계로부터 차단된 도시에서 페스트균이라는 보이지 않는 적과 싸우는 의사 리유와 친구 타르 등의 군상극(群像劇)을 통해서 부조리에 직면했을 때 드러나는 인간의 여러 모습을 그리고 있다.

페스트 감염이 확대되자 예수회 사제 파눌루 신부는 성당에서 설교한다. 그의 첫 번째 목소리는 "우리 형제들이여. 당신들은 지금 재앙 속에 있습니다. 그리고 그것은 응보입니다"였다. 계속해서 신부는 이집트의 페스트에 관한 〈출애굽기〉의 기술을 인용하며, 페스트라는 재앙은 신이 내린 징벌이므로 회개하라고 말한다.

"오늘날 페스트가 여러분 곁에 온 것은 반성해야 할 때가 왔다는 것입니다. 똑바른 마음을 가진 사람은 두려워하지 않습니다. 그러나 사악한 사람들이 떠는 것은 당연한 일입니다. 우주라는 거대한 곳간 속에서 가차 없는 재앙(도리깨)은 짚과 낱알을 가리기 위해서 인류라는 밀을 타작할 것입니다. 낱알보다는 짚이 더 많을 것이며, 선민들보다는 부름을 받는 사람들이 더 많을 것입니다."

소설에서 관찰자와 기록자로 등장하는 타르는 파눌루 신부의 설교에 대해 다음과 같이 말한다.

> 요컨대 이 설교는 어떤 사람들에 대해서 그때까지 막연하게 갖고 있던 생각을 확실히 느끼게 해주었다. 즉 자신들은 뭔가 모르는 죄를 범했기 때문에 유죄를 선고받고 상상을 초월하는 감금 상태에 내몰리게 되었다는 생각이다(알베르 카뮈, 유호식 옮김, 《페스트》, 문학동네, 35쪽).

보건대를 결성하기 위해 만난 자리에서 타르는 의사 리유에게 "파눌루의 설교에 관해서 어떻게 생각합니까, 선생님?" 하고 묻는다. 그러자 리유는 "병원 안에서만 생활해 왔기 때문에 집단적 징벌 같은 생각을 좋아할 수 없습니다"라고 대답한다. 타르는 또 묻는다.

"신을 믿습니까, 선생님?"

"아니오. ……나는 어두운 밤 속에 있습니다. 그 안에서 밝게 보려고 노력하고 있습니다."

리유의 대답이다. 그러면서 자신이 왜 신이라는 관념을 거부하지 않으면 안 되는지를 설명한다. "만약 자신이 전능의 신을 믿고 있다면 사람들을 치료하는 것을 그만두고 인간이 해야 할 일을 전부 신에게 맡겨버릴 것 같아서"가 이유였다.

신이라는 관념을 믿고 거기에 의지하면 결국 인간의 책임은 없어진다. 리유는 신이 아니라 인간의 편에 서기 위해서 무신론을 선택하고 있는 것 같다. 이 대목에서 많은 독자가 리유를 무신론자라고 생각할 것이다. 그런데 내 생각은 좀 다르다. 나는 리유의 이런 태도야말로 신을 염두에 둔 종교성을 신체화한 사람의 것이라고 생각한다. 이런 태도는 파눌루 신부와 대조를 보인다.

목사이자 신학자인 본회퍼(Dietrich Bonhoeffer)는 "신 앞에서, 신 없이 살라"고 외친다. 그의 고백은 참된 종교성의 실체를 적실하게 드러낸다. 그것은 특정한 종교적 체계와 교리를 내밀한 종교성 속으로 녹여버리라는 충언이다. 리유는 신을 부정한 것이 아니라 오직 생활 속에서, 생활에 의해서, 생활로써만 종교성은 실천 가능하다고 생각한 것이다.

전지전능한 신이 있다고 가정해 보자. 권선징악의 원리에 기초해서 인간에게 지켜야 할 계율을 알려주고, 계율의 준수 여부를 최후에 심판해서 천국행과 지옥행을 명령하는 신 말이다. 의외로 많은 사람이 신을 이런 종류의 일을 하는 존재로 생각한다. 그런데 이런 신은 이른바 "유아를 위한 신"이다. 왜냐하면 이런 신만 있으면 인간은 조금도 어른이 되지 못하고 윤리적으로 행동하지 않기 때문이다.

경찰 기능이 완벽하게 작동해서 범죄자 체포율이 100퍼센트이고, 법정 판결에 전혀 오류가 없는 사회를 상상해 보자. 그런 사회에서 범죄 발생률은 매우 낮을 것이다. 그렇다고 해서 그 사회에 사는 사람들이 반드시 윤리적인 것은 아니다. 그런 완전한 권선징악 사회에서 사람들은 오히려 윤리적으로 행동할 필요를 느끼지 않는다. 예컨대 자신의 눈앞에서 범죄가 벌어져도 범죄를 저지하거나 피해자를 구하려는 사명감은 생기지 않을 것이다. 곧바로 경찰이 나타나서 범인을 체포할 것이므로 굳이 자신을 궁지에 빠트릴 필요가 없다.

내가 어릴 때 아주 좋아했던 애니메이션 〈짱가〉에는 온갖 악행을 저지르는 악당들이 나온다. 그런데 시민이나 경찰 모두 모호한 표정을 지으며 범죄 행위를 멍청하게 쳐다보는 것이 패턴화되어 있다. 조금만 기다리면 주제가처럼 반드시 어디선가 짱가가 나타나 악당을 물리칠 것이므로. 이처럼 권선징악 원리가 실현된 사회에서 시민들은 눈앞에서 벌어지는 범죄를 간과하는 것에 대해서 그다지 양심의

가책을 느끼지 않는다. 이것이 권선징악의 역설이다.

전지전능한 신에 의한 권선징악 원리가 관철된 우주도 어떤 의미에서 짱가가 반드시 출현하는 세계와 비슷하다고 볼 수 있다. 선행하면 보답이 있고 악행을 저지르면 벌을 받는 사회. 그 인과응보에 대한 확신이 높으면 높을수록 악인이 마음대로 날뛰고 선인이 수난받는 상황에 전혀 감동을 느끼지 못한다. 신이 전능한 사회, 즉 인간이 유아로 머물러도 좋은 사회에서는 악을 위한 여지가 없는 것과 마찬가지로 선이 싹틀 여지도 없다.

게다가 이 유아들은 전능한 신을 쉽게 믿는 것처럼, 악당이 마음대로 날뛰고 선인이 수난받는 상황이 길어지면 쉽게 믿음을 버린다. 사정이 생겨서 악당 앞에 나타나는 시간이 늦어지면 손바닥 뒤집듯 짱가를 매도하는 아이들과 같다. "뭐야 전혀 정의의 사도로서 도움이 안 되잖아. 짱가 너 같은 것 이제 필요 없어!" 슈퍼맨도 배트맨도 스파이더맨도 같은 운명이다. 이것이 유아의 신의 슬픈 말로다. 유아의 신은 99퍼센트의 확률로 권선징악의 판단을 내려도 단 한 번의 실패로 거드름 피우는 신자에게 "당신, 신으로서 자격 박탈이야"라고 선고받는다. 신은 전지전능할수록 인간의 성숙과 신앙심 함양에 실패한다.

이 역설로부터 '성인의 신'이라는 개념이 도출된다. 성인은 사회에서 악이 횡행하고 선인이 고통받아도 신을 추궁하지 않는 사람이다.

신에게는 신의 일이 있고 인간에게는 인간의 일이 있다. 신은 세계를 창조했다. 창조된 세계를 살 만한 가치가 있는 장소로 만들어가는 것은 인간의 일이다. 따라서 인간이 인간에게 저지른 죄는 인간만이 속죄할 수 있다. 인간을 대신해서 신이 할 수는 없다. 그런 식으로 생각하는 사람이 어른이다.

레비나스는 2차 세계대전 당시 포로로 잡혀 수용소에 갇혔다. 리투아니아에 있던 레비나스의 친척 대부분은 아우슈비츠에서 죽었다. 홀로코스트는 인간이 인간에게 저지른 악이다. 인간이 인간에게 저지른 죄에 대한 대가나 치유는 신의 일이 아니다. 신이라는 이름에 어울리는 존재라면, 신의 도움 없이 지상에 정의롭고 자애로운 세계를 일으켜 세울 인간, 세계를 인간적인 곳으로 바꿀 수 있는 높은 지성과 덕성을 갖춘 인간을 창조했을 게 분명하다고 레비나스는 말한다. 레비나스는 거의 무신론에 가까운 논리를 통해서 무너져가던 신앙을 재건하려 했다. 깊은 절망의 시간을 살아내고도 세상을 살 만한 가치가 있는 곳으로 만들려고 결의한 사람만이 할 수 있는 무거운 말이다.

"유일신에 이르는 여정에는 신 없는 역참이 있다."

리유와 레비나스는 무신론자가 아니다. 성인의 신을 믿고 종교성을 오직 생활로 드러냄으로써 신의 메시지(나는 인간의 성숙을 믿는다)에 제대로 응답했다.

기계는
마음을 가질 수 있을까?

　독일 막스플랑크생명사이버네틱스연구소 소장이었던 발렌티노 브라이텐베르크 교수는 몇 가지 버전의 '마음을 가진 모형 차'를 만들었다(Horst Greilich & Valentino Braitenberg (1987), 《Vehicles: A Program Based on the Book》, MIT Press). 그가 만든 모형 차는 4호까지 있는데, 구조는 무척 단순하다. 1호는 하나의 센서와 모터 그리고 바퀴가 연결되어 있다. 온도를 감지하는 센서에 연결된 모터의 구동력은 온도에 비례해서 변화하도록 설계되었다. 추운 장소에서는 감속하고 따뜻한 장소에서는 가속한다. 그래서 온도가 올라가면 원래 있었던 장소에서 서둘러 도망가는 듯 보인다. 반대로 온도가 내려가면 여유를 갖고 천천히 가는 것처럼 보인다. 이런 작동 덕분에 이 차는 모형이라기보다 생물처럼 보인다.

2호는 1호보다 다소 영리해 보이도록 설계했다. 모형 자동차의 앞쪽에 센서가 두 개 붙어 있으며, 센서에 연결된 모터가 좌우에 있다. 1호와 똑같이 모터에 의해서 바퀴가 움직인다. 2a호는 두 가지 센서와 모터가 평행으로 연결되어 있다. 우측의 센서는 우측의 모터와 연결되어 있는 식이다. 반면 2b호는 센서와 모터가 교차로 연결되어 있다.

센서를 감지하는 자극은 1호와 마찬가지로 온도다. 열 자극이 중심에서 벗어나면, 2a호는 이를 감지한 한쪽 센서가 연결된 같은 쪽 모터를 더욱 빨리 구동시킨다. 바퀴가 빨리 돌기 때문에 자극으로부터 멀어지는 것처럼 보인다. 반면 2b호는 센서와 모터가 교차하고 있어서 자극에 반대되는 쪽 바퀴가 빨리 돈다. 2a호와 반대로, 자극을 향해 가는 것처럼 보인다. 브라이텐베르크의 표현을 빌리면, 자극으로부터 도망가는 모형은 "겁쟁이"고 가까이 가는 모형은 "호전가"다.

1~4호에는 어떠한 정보처리 메커니즘이나 지식도 내부에 장착되어 있지 않다. 센서와 모터밖에 없다. 외부 자극으로서 뭔가 뜨거운 것과 차가운 것을 준비하면 끝이다. 그런데도 우리는 이 모형 차의 움직임 속에서 생명체가 가진 기호(嗜好), 가치, 의사, 지식 같은 지적

인 것을 느낀다.

브라이텐베르크의 모형은 마음, 내면, 지성 같은 우리가 너무나 당연하게 생각하는 것들을 새삼 낯설게 한다. 마음을 실체 혹은 명사로 보는 사람들은 마음과 의도가 이미 상대방 안에 존재하며 행동으로부터 그것들을 추론한다고 생각하는 경향이 강하다. 그런데 실제로는 그렇지 않을지도 모른다고 브라이텐베르크의 모형은 가르친다. 우리는 평소에 기호, 의도, 계획 같은 개념을 이용해서 상대방의 행위를 질서 있는 것으로 파악한다. 그러나 브라이텐베르크의 모형 차에서 알 수 있듯이, 애당초 모형의 움직임에 관한 설명은 내적 메커니즘의 실제 구조와 상관없다.

심리학을 조금 공부한 사람이라면 이것을 행동주의적 설명이라고 생각할 것이다. 행동주의란 인간의 행동을 관찰할 수 있는 신체 동작의 패턴으로 환원해서 설명하는 태도다. 인간의 마음 혹은 내면 등은 어차피 관찰할 수 없으므로 연구 대상이 될 수 없다고 주장하는 심리학의 한 분파다. 그렇다면 지금까지 브라이텐베르크의 모형을 빌려서 이야기한 마음, 내면, 인지 등도 관찰 불가능하므로 내 주장을 반(反)인지주의 내지 반심리주의로 여길 수 있다. 또한 바깥으로 관찰할 수 있는 행위에 내면을 환원시켜서 설명하려는 행동환원주의로 생각할 수 있다. 이런 식의 '이것 아니면 저것'이라는 이분법으로 인간의 행동이나 내면을 설명할 수 있다면 고생할 사람은 아무도 없다. 인간의 마음, 내면, 인지에 관한 이야기는 생각보다 훨씬 복잡하다.

브라이텐베르크의 이야기는 정말 시작에 불과하다. 인공지능의 아버지라 불리는 앨런 튜링(Allan Turing)의 이야기는 비슷하면서 좀 더 복잡하다. 튜링은 컴퓨터에 지능이 있는지 없는지를 판단하기 위해서 '튜링 테스트'라는 기계를 고안했다. 이 기계는 어딘가 멀리 떨어진 곳에 컴퓨터를 두고 사람과 원격으로 커뮤니케이션해서 거기에 있는 사람이 남자인지 여자인지를 알아맞히는 게임에서 유래했다. 튜링 테스트는 서로 떨어진 방에 있는 컴퓨터와 인간이 텔레타이프라이터로 커뮤니케이션해서 저쪽 방에 사람이 있는지 컴퓨터가 있는지를 알아맞힌다. 튜링에 따르면, 피험자인 사람이 상대방이 사람인지 컴퓨터인지 구별할 수 없다면 그 컴퓨터는 지능을 갖고 있다고 말할 수 있다.

실제로 튜링 테스트에 합격한 대화 내용은 다음과 같다.
"포스브리지(Forth Bridge)를 주제로 소네트를 만들어보세요."
피험자(인간)의 질문에 컴퓨터가 대답한다.
"그 질문은 패스하겠습니다. 시는 써본 적이 없습니다."
다시 피험자가 질문한다.
"34957에 707을 더하세요."
30초 정도 지나 컴퓨터가 대답한다.
"105621."

컴퓨터는 인간처럼 반응을 지체한다. 게다가 이 계산은 잘못되었다.

이런 식으로 커뮤니케이션이 진행되면 피험자는 상대가 컴퓨터라는 사실을 간파하지 못한다. 이 컴퓨터는 게임의 내부 메커니즘과 무관하게 지성이 있다고 판단해도 좋다. 튜링은 이 실험 결과를 일반화해 똑같은 입력에 대해 인간과 컴퓨터의 출력이 비슷하다면 둘을 동등하게 봐도 좋다고 주장한다. 입출력만 같다면 내적 메커니즘은 굳이 물을 필요가 없다는 것이다.

이런 튜링의 관점은 인지주의를 완전히 뒤집은 행동주의 혹은 행동환원주의에 해당한다. 인지주의 혹은 심리주의는 계획, 지식 등이 인간 혹은 컴퓨터 내부에 일종의 실체로서 엄연히 존재한다는 주장이다. 이에 반해 튜링은 겉으로 드러나는 행동만을 문제 삼는다. 알맹이는 관계없다. 그런데 엄밀히 말해 튜링은 인지주의와 똑같은 방식을 취하고 있다. 인지주의가 지성을 내면에 환원시켜 설명한다면, 튜링은 지성을 행동으로 환원시켜 설명한다. 두 가지 관점 모두 내면과 행동을 깨끗하게 이분해서 한쪽은 내부의 무엇인가를, 다른 한쪽은 외부로 드러나는 행동을 지성의 실체로 보고 있다.

영국 출신의 사회학자 제프 콜터는 행동주의 프로그램에 두 가지가 있다고 말한다(Jeff Coulter(1983), 《Rethinking Cognitive Theory》, Palgrave Macmillan). 초기 행동주의에는 확실히 내면이 있다. 하지만 내면을 관찰 불가능한 것으로 취급한다. 심리학이 과학이 되기 위해서는 관찰할 수 있는 것을 연구 대상으로 삼지 않으면 안 된다. 내면이 있긴 하지만 내면에 매달리지 말고 행동만을 연구하자는 주의다. 이에 비해 후기 행동주의는 아예 내면을 부정하고 모든 것을 오로지 행동에 환원시켜 설명하는 쪽으로 방향을 튼다. 튜링은 후기 행동환원주의 프로그램을 그대로 따르고 있는 셈이다.

콜터는 둘 다 인간의 마음, 내면 등을 제대로 설명하지 못한다고 주장한다. 초기 행동주의는 실체(명사)로서의 내면을 상정하기 때문에 이론으로서 성립하기 어렵다. 그렇다면 문제는 후기 행동주의다. 이 후기 프로그램(행동환원주의)을 받아들이기 어려운 까닭은 인간의 유의미한 지적 행위를 순전히 신체적인 움직임에 환원시켜 설명할 수는 없기 때문이다.

물론 모든 행위가 의도적일 필요는 없다. 그러나 어떤 행위의 배후에 의도가 있다고 말해야 하는 때가 있다. 아버지가 소중히 여기는 꽃병을 아이가 옮기다가 타일 바닥에 떨어뜨려 깨고 말았다. 여기에는 "아무래도 의도가 있는 것 같다"고 말할 수 있다. 그렇다고 해서 인지주의와 초기 행동주의 같은 의도가 내면에 일종의 실체로서 존재한다는 관점을 나는 취하지 않는다. 그렇다면 어떠한 길이 있을까? 제3의 길을 모색하기 위해서 긴 이야기를 하나 해야 한다.

프로그래머 조셉 바이첸바움은 '엘리자'와 '닥터'라는 시스템을 개발했다(Joseph Weizenbaum(1976), 《Computer Fower and Human Reason: From Judgment to Calculation》, W.H.Freeman & Co Ltd). 컴퓨터와의 자연스러운 회화를 지원하기 위해 설계했다. 엘리자와 닥터는 튜링 테스트에 합격했다.

다음은 엘리자와 인간이 실제로 나눈 대화다.

인간   남자는 다 똑같아!
엘리자   어떻게?
인간   남자들은 언제나 이것 해라, 저것 해라 시끄럽게 떠드니까 말이야.
엘리자   뭔가 구체적인 예를 들어주세요!
인간   그래. 남자친구가 나보고 여기로 오라고 했어.
엘리자   남자친구가 당신을 여기에 오게 했다.
인간   그는 내가 언제나 우울하다고 말해.
엘리자   우울하다고……. 좀 그러네요.

엘리자는 이런 방식의 질의응답 패턴이 프로그램화되어 있다. "안녕하세요"라고 입력하면 "안녕하세요"라고 대답하거나, 미리 세팅한 목록에 키워드가 없을 때는 "좀 더 자세하게 설명해 주세요"라고 말한다. 어느 정도 정해진 규칙과 키워드에 따라서 출력한다. 따라서 인지심리학이 주장하는 의미적 처리, 예를 들어 내부에 있는 지식표상에 비추어서 해석표상을 만드는 일은 하지 않는다. 키워드를 줍거나 키워드에 연결된 것을 출력하는 정도다. 그다지 만들기 어려운 프로그램이 아니다.

그런데도 이 실험에 참여한 많은 사람이 엘리자를 인간이라고 믿고 엘리자와 꽤 진지한 대화를 나누었다. 상담하듯이 자신의 이야기를 이것저것 했다. 많은 사람이 바이첸바움의 프로그램이 튜링 테스트를 통과했다고 믿었다. 그러나 바이첸바움은 엘리자의 지성을 부정했다. 자신이 만든 프로그램은 아주 단순한 규칙을 따르는 것에 불과했기 때문이다.

컴퓨터가 인간으로부터 이것저것 질문을 받으면 제대로 대답을 못할 것이 불 보듯 뻔하다. 그런 상황이 오지 않도록 하는 것이 엘리자 프로그램의 교묘한 전략이다. 엘리자의 대화 방식은, 여성이 자기 말을 들어주는 친구에게 "남자라는 존재는 말이야……"하고 말하면 "맞아, 맞아, 그래그래"로 대답하는 상황과 비슷하다. 엘리자의 정체(단지 기계에 불과하다는 사실)가 탄로 날 일은 없다.

또 다른 프로그램 '닥터'는 마치 내담자중심요법의 치료자처럼 행동한다. 닥터와 대화를 나누는 사람이 내담자인 것처럼 응답한다. 내담자중심요법의 치료자는 말을 많이 하게 해서 내담자 스스로 깨닫도록 한다. 상담자는 "이렇게 하면 좋지 않을까요?" 같은 제언을 하지 않는다. "좀 더 상세하게 말해줄 수 있나요?" 식의 말을 원칙으로 한다. 그만큼 응답 패턴이 적어서 애당초 프로그램을 만들기 쉽다. 닥터 프로그램은 보통 회화에서 회화 참가자끼리 공유한 전제를 말하지 않는 격률(maxim), 즉 회화에서 말하는 것이 적으면 적을수록 말해지는 것의 의미가 자명하다는 격률을 악용했다고 볼 수 있다. 이런 회화 패턴을 생각해 보면 이해가 쉽다.

A 밥은 먹었니?
B 아니!

너무나 흔한 회화 패턴이다. 이처럼 회화 참가자 사이에 공유된 전제(이때 밥은 점심을 의미한다는)가 많다고 생각하면 말은 짧아진다. 그런데 만약 "밥은 먹었니?"라는 A의 질문에 B가 "무슨 밥?", "아침밥?", "점심밥?", "저녁밥?"이라고 대답하면 어떻게 될까? A는 당연히 B와 전제를 공유하고 있다고 생각했는데 B가 위와 같은 식으로 물으니 당황할 것이다. 이는 어떤 행위에 관해 '이것입니다, 저것입니다'라고 해설하면 할수록 그 행위는 자명하지 않다는 것을 말해준다.

닥터 프로그램은 '해석의 다큐멘터리적 방법(the documentary method of interpretation)'을 이용하는 일상인의 자연스러운 모습을 교묘하게 악용한다고 볼 수 있다. 해석의 다큐멘터리적 방법은 우리가 별생각 없이 일상에서 늘 하는 일을 제대로 길어내기 위한, 철저히 삶에 천착해서 얻어진 개념이다. 마음과 의도를 우리의 실제 대화 속에서 눈에 보이는 것을 해석하는 자원으로 이용하는 한편, 보이는 것을 마음과 의도의 존재 증거로 삼는 방법이다.

닥터를 예로 들어보자. 컴퓨터가 "예" 또는 "좀 더 말해보세요"라고 말한다. 그 말을 들은 보통의 인간은 대화 상대에게 나름 지성이나 의도가 있어서 이렇게 말한다고 생각한다. 동시에 컴퓨터의 말을 의도가 존재하는 증거로 받아들인다. '이런 질문을 하거나 말을 하고 있으므로 지성과 의도가 있는 게 틀림없다'고 생각해 버린다. 이처럼 컴퓨터의 말은 상정된 의도에 의해서 해석됨과 동시에 의도가 있음의 증거로 이용된다.

그렇다면 마음과 지성이 인간의 내면에 실체(명사)처럼 딱 붙어 있는 것이 아니라, 실제 대화 속에서 (마치) 내면에 존재하는 것처럼 보인다고 하는 것이 마음, 의도, 능력, 무능력, 장애 등을 대할 때의 과학적 자세라고 할 수 있다. 일단 뭔가 마음이나 의도가 있는 것 같은 느낌이 든다. 이렇게 생각하면 기계가 내뱉는 정말 얼마 안 되는 응답도 그럴싸하게 들리는 끝없는 순환이 발생한다.

사회학자 해럴드 가핑클은 실체(명사)로서의 마음관을 뒤집기 위해서 비슷한 실험을 했다(Harold Garfinkel(1991), 《Studies in Ethnomethodology》, Polity). 가핑클은 피험자들에게 지금 카운슬링 테크닉을 개발하고 있으며 그 자료를 모으는 중이라고 말한다. 그리고 카운슬러는 '예, 아니오'로만 대답하니 "여러분은 반드시 '예'와 '아니오'로 대답할 수 있는 형태로 질문해 주세요"라고 말한다. 대답마다 "그때 왜 그 카운슬러가 '예' 혹은 '아니오'로 대답했는지를 테이프에 녹음해 주세요. 그것을 카운슬링 테크닉 개발에 이용하겠습니다"라고 말한다.

사실 '예, 아니오' 대답의 순서는 처음부터 난수표로 결정되어 있다. 하지만 피험자는 그 사실을 전혀 모른다. 그래서 자신의 질문에 대한 예와 아니오에 제대로 된 이유가 있으리라 생각하고 그럴싸한 해석을 덧붙인다. 예컨대 '왜 여기서 예라고 대답했지? 나는 앞의 대답과 모순된다고 생각하는데……' 같은 생각은 하지 않는다. 앞의 대답과 반대여도 피험자들은 그 대답에 일리가 있다고 생각한다. 이제 바이첸바움의 이야기와 똑같은 사태가 일어난다. 가핑클의 실험은 난수표가 알아서 마음대로 대답하는 것이기 때문에 컴퓨터의 경우보다 못하다고 할 수 있다.

가핑클의 실험은 튜링 테스트와 비슷한 발상 같지만, 기본은 정반대다. 첫째, 만약 프로그램이 지능이라면 난수표도 지능이 된다. 난수표가 지능이라면 대충하는 것, 아무것도 생각하지 않는 것도 지능이 된다. 이것은 명백한 배리다. 따라서 역시 프로그램은 지능이라고 할 수 없다.

둘째, 그렇다면 카운슬러의 응답이 지적으로, 즉 유의미하게 들리는 이유는 무엇일까? 그것은 피험자들이 이른바 해석 작업을 통해서 주어진 대답을 유의미한 것으로 만들었기 때문이다. 극단적으로 말하면 무엇이 주어져도, 즉 어떤 대답이 나와도 나름의 해석에 의해 어떤 의미를 갖는다. 이것은 앞에서 다루었던 행동주의와 중요한 관계를 맺고 있다. 신체운동 수준에서는 전혀 비슷하지 않은 것이 행위로서는 똑같을 수 있으며, 거꾸로 신체운동 수준에서는 완전히 똑같은 것이 전혀 다른 행위일 수 있다.

나는 회화분석 강의에서 이런 예를 자주 든다. 먼저 칠판에 '지금 몇 시입니까?'라고 쓴다. 그리고 수강생들에게 "이 발언을 한 사람은 이 발언으로 무엇을 하고 있습니까?"라고 묻는다. 그러면 이구동성으로 "질문하고 있다"고 대답한다. 나는 곧바로 "이 발언을 대답이라는 행위로 바꿔보겠습니다"고 말하며 이 문장 위에 '그녀가 지금 뭐라고 말한 거니?'를 쓴다. 이런 식이다.

철수   그녀가 지금 뭐라고 말한 거니?
영수   지금 몇 시입니까?

이제 영수의 발언은 그녀의 말을 그대로 인용하면서 철수의 질문에 대답한 것이 된다. 영수의 발언이 철수를 향하고 있는데도 철수는

'지금 몇 시다'라고 대답할 의무가 없다. 아니 대답하는 것이 오히려 이상하다. 이처럼 완전히 똑같은 톤과 높이, 음성으로 발화해도 그것은 질문이 될 수 있고 대답 및 인용이 될 수 있다.

행동주의자는 문맥 안의 다양한 조건들과 함께 행동이 주어지면 그 의미는 상당한 정도까지 정해진다고 말할지 모른다. "영수 발언 직전에 철수의 질문이 있었기에 영수의 발언은 질문이 아니라 대답이 된다"고. 그런데 이때 문제가 되는 것은 문맥 안 조건들의 의미를 어떻게 특정할 수 있느냐다. 물론 철수의 발언이 질문이기 때문에 영수의 발언은 대답이 되었다. 하지만 문제는 왜 철수의 발언이 다름 아닌 질문이라는 행위가 되었느냐다. 주위의 이런저런 조건들을 다 끄집어내도 문제는 해결되지 않는다. 게다가 이 조건들 배후에 있는 조건들을 가져오다 보면 무한후퇴에 빠진다.

여하튼 실체로서의 마음에 대한 부정이 곧바로 행동주의로의 전환을 뜻하는 것은 아니다. 우리가 취할 수 있는 길은 인지주의도 행동주의도 아닌, 상호행위주의 혹은 마음을 '관계의 산물=동사'로 보는 것이다.

바이첸바움은 상호행위주의 혹은 동사적 관점을 취하지 않는다. 그는 "역시 진짜 지성은 존재하지만, 엘리자와 닥터는 아무래도 이 진짜 지성을 갖고 있지 않다"고 말한다. 그러나 가핑클은 마음, 의도 등의 리얼리티를 근원적으로 고쳐 생각할 수 있어야 한다고 말한다.

이런 점에서 바이첸바움과 근본적으로 다르다. 한마디로 가핑클의 가르침은 심리학적 리얼리티의 지위가 무엇인가를 고쳐 묻는 데 있다.

전통적인 심리학이나 인공지능 연구는 마음과 의도, 계획, 지식표상 등을 개인의 내면에 미리 존재하는 실체로서 상정한다. 그러나 가핑클에 의하면 주체, 개인, 마음, 의도 등은 어떤 특정한 상호행위 안에서 조직되거나 상호행위를 조직하는 자원과 같다. 개인, 마음, 의도, 지성 등은 애당초 거기에 있었던 어떤 실체라기보다 일종의 doing, 즉 상호행위의 산물로 봐야 한다.

얕은 도덕과
깊은 도덕이 있을 뿐

　이 세상에는 사람들이 아주 빈번히 사용하지만, 진짜 의미가 무엇인지 누구도 알지 못하는 말이 있다. 가령 '신'이 무엇을 의미하는지 아무도 모른다. 신은 인지(人知)를 넘어선 존재, 인간의 감각과 지력으로는 이해할 수 없는 존재라서 사람들에게 설명할 수 없다. 그렇다고 해서 '신이라는 말을 사용해서는 안 된다'를 규칙으로 채용하면 곤란에 빠진다. '신이 무엇을 의미하는지 잘 모르겠습니다'는 말조차도 못하게 되기 때문이다. 그래서 의미를 잘 모르지만 교회에 가서 기도하고, 절에 가서 공양을 바치고, 이슬람 사원에서 라마단 단식에 참여한다. 그런 종교적 의례(ritual)에 참가하면 자신이 무엇을 하고 있는지 왠지 알 수 있을 것 같다.

도덕도 비슷하다. 무엇을 의미하는지 잘 모르겠지만, 한 명 한 명이 '대체로 이런 의미가 아닐까'라고 생각하며 사용한다. 그래서 개인적인 경험에 따라 도덕의 깊이와 폭, 촉감이 꽤 달라진다. 그럼 잠시 '도덕'이 사전에 어떻게 정의되어 있는지 찾아보자.

사회의 구성원들이 양심, 사회적 여론, 관습 따위에 비추어 스스로 마땅히 지켜야 할 행동 준칙이나 규범의 총체. 외적 강제력을 갖는 법률과 달리 각자의 내면적 원리로서 작용하며, 또 종교와 달리 초월자와의 관계가 아닌 인간 상호 관계를 규정한다(네이버 국어사전).

여기서 내가 방점을 찍고 싶은 것은 "각자의 내면적 원리"다. 즉 도덕은 모두가 함께 지켜야 하는 것이 아니다. 한 명 한 명이 스스로 행위의 규준을 정하는 것이지 누군가 대신 정해주는 것이 아니다. 누군가 우리를 대신해서 정해주는 일반적인 행위 규준은 모두가 지켜야 할 것이므로 "각자의 내면적 원리"라는 한정이 불필요하다.

도덕적이라는 것은 무엇일까? 신과 마찬가지로 한 명 한 명 경험의 차이에 따라서 꽤 다르다. 그러므로 옳다, 그르다 같은 이분법적 사고는 잠시 괄호 속에 묶어두자. 사람에 따라서 합판같이 얇디얇은 도덕이 있고, 쥐라기의 지층처럼 두께를 가늠할 수 없는 도덕이 있다. 속이 훤히 들여다보이는 도덕이 있고 깊이를 알 수 없는 도덕이 있다. 촉감이 차가운 도덕이 있고 따뜻한 도덕이 있다. 가벼운 도덕이 있고 묵직한 도덕이 있다. 이렇게 생각하면 어떤 도덕도 각각의 방식에서는 올바르다. 단지 정도의 차이가 있을 뿐이다. 그 정도의 차이는 성숙의 차이에서 비롯한다. 성숙한 사람의 도덕은 두텁고, 깊이를 가늠할 수 없으며, 따뜻하고 묵직하다. 반면, 미숙한 사람의 도덕은 얇고, 속이 훤히 들여다보이며, 차갑고 가볍다. 끝.

그렇게 생각하던 차에 두 번 다시 겪을 수 없는 경험을 했다. 퇴근 시간, 지하철 안은 사람들로 만원이다. 한 손에 아기를 안고 다른 한 손에 큰 짐을 들고 있는 30대 초반으로 보이는 여성이 탔다. 누군가 자리를 양보하면 좋으련만. 주위를 둘러보니 자리에 앉아서 한참 잡담에 열중하는 고등학생들이 있다. 그들은 자리를 양보할 마음이 없어 보였다. 그러자 50대 후반으로 보이는 아저씨가 고등학생 한 명을 가리키며 말했다.

"이 아주머니에게 자리를 양보해라. 너는 아직 젊으니까."

그러자 고등학생이 고개를 들며 말했다.

"아저씨는 저보고 일어나라고 했는데요, 왜 제가 자리를 양보하지 않으면 안 되나요?"

보통 일이 아닌 것 같다. 게다가 이런 말까지…….

"요즘 고등학생도 정말 피곤하거든요. 그리고 말이죠, 겉으로 봐서는 보이지 않는 신체적인 문제 때문에 자리에서 일어나지 못하는 경우도 많아요. 아저씨는 저의 건강 상태에 대해서 제대로 알고 그렇게 말씀하시는 건가요? 저 사실 몸이 무지 안 좋거든요. 그리고 이 지하철 안에 있는 다른 모든 앉아 있는 사람 중에서 유독 저에게만 일어서라고 명령하는 합리적 근거는 도대체 어디에 있습니까?"

이 상황을 어떻게 이해해야 할까? 그 아저씨는 가장 체력이 좋아 보이는 고등학생이 자리를 양보해야 한다는 나름의 도덕적 판단에 따라서 발언했을 것이다. 이에 대해 고등학생은 '그것은 당신이 마음대로 만든 주관적인 규칙에 지나지 않아요. 누구라도 납득할 수 있는 일반성과 보편성을 갖춘 규칙에 따라서 판단해 주세요'라고 이의 신청하고 있다.

둘 다 맞는 말이다. 아저씨도 옳고 고등학생도 옳다. 그런데 두 사람의 옳음이 서로 충돌하고 있다. 두 사람 모두 도덕적으로 생각하고 도덕적으로 행동하고 있다. 그런데도 당면한 문제(누가 아이를 안고 있는 여성에게 자리를 양보할 것인가)는 전혀 해결되지 않고 있다. 오히려 아저씨와 고등학생이 서로 노려보는 바람에 지하철 안은 험악한 공기로 가득하다. 아기를 안고 있는 여성도 뭔가 미안함 가득한 얼굴을 하고 있다.

"괜찮습니다. 괜히 저 때문에……저는 서서 가도 괜찮습니다."

아저씨와 고등학생을 향해 작은 목소리로 중얼거렸지만, 그 목소리는 화가 잔뜩 난 두 사람에게 닿을 기미가 보이지 않았다.

아저씨가 도덕적으로 행동하고 고등학생이 도덕적으로 응대함으로써 사태는 아무것도 하지 않았던 때보다 나빠지고 말았다. 우리가 별생각 없이 그냥 지나쳐버려서 의식하지 못할 뿐 이런 일은 자주 일어난다. 이런 일은 도덕 기준이 한 명 한 명의 내면적 원리에 맡겨져 있어서 발생한다.

물론 도덕 기준을 자신에게만 적용하면 이런 갈등은 일어나지 않는다. 길에 떨어져 있는 쓰레기를 줍거나, 승강기 앞에서 "먼저 타세요"라며 양보하거나, 집 앞의 눈을 쓰는 행동은 누구의 허가나 동의 없이 할 수 있다. 하지만 좋은 일이라도 타인에게 강제하려고 하면 대체로 잘되지 않는다. 얼굴도 모르는 타인으로부터 "거기 휴지 좀 주워요. 그럼 세상이 좀 밝아질 테니까" 같은 명령을 받으면 욱하기 마련이다. 이처럼 도덕적인 행위는 자기 혼자서 묵묵히 하면 사회질서를 유지하는 데 도움이 되지만, 다른 사람에게 강제하면 오히려 사회질서가 흐트러질 수 있다.

지하철 안에서 아저씨와 고등학생이 계속 서로 노려보고 있다. 이때 한 사람이 극적으로 등장한다. 쭉 지켜보고 있던 중년 신사가 자리에서 일어나 여성에게 자리를 양보한다.

"저 다음 역에 내리니까 여기 앉으세요."

사람들이 한숨 돌린 표정을 짓는다.

"아, 그렇습니까? 정말 고맙습니다."

여성이 밝게 인사하고 빈자리에 털썩 앉아 아이를 무릎에 앉힌다.

그런데 자리를 양보한 신사는 사실 다음 역을 지나 더 가야 했다. 내가 마침 다음 역에 내려야 해서 같이 내렸는데, 신사는 출구를 찾는 척하더니 지하철이 떠나는 걸 보고 다시 플랫폼으로 돌아와 지하철을 기다렸다. 아저씨의 고압적인 태도와 고등학생의 격한 반론으로 지하철 분위기가 안 좋아진 걸 간파한 신사는 긴장 완화를 위해서 거짓말을 했다. 그리고 그 배려를 다른 사람이 눈치채지 못하도록 행동했다.

물론 이 신사의 행위도 아저씨나 고등학생과 마찬가지로 도덕적이다. 그런데 신사의 도덕은 두 사람과 꽤 수준이 다르다. 좋고 나쁨, 옳고 그름의 문제가 아니라 촉감이 좀 다르다고 해야 하나? 미묘하게 깊고 결이 부드럽다고 해야 하나?

그런 느낌이 든 이유는 자신의 배려를 다른 사람이 눈치채지 못하도록 했기 때문이다. 자리를 양보하고 내린 신사가 곧바로 그 역에서 다음 지하철을 기다리는 모습을 만약 지하철 안에 있는 사람들이 봤다면 어떤 일이 벌어질까? '아, 저 사람은 여기 분위기를 어떻게든 정리하려고 자리를 일부러 양보하고 자기 시간을 희생했구나'라고 생각할 가능성이 크다. 그럼 아저씨는 자신의 행위가 좀 부끄러워질 것이고 자리를 양보받은 여인은 미안한 마음이 들 것이다. 도덕적으로 행위할 때는 이처럼 다른 사람이 자각하지 못하도록 하는 것이 중요하다.

누군가 해야 하는 일을 내 일이라고 생각하는 사람이 있다. 그런 사람은 길거리의 쓰레기를 줍거나 자리를 양보하거나 눈을 치우는 것을 '그 누구의 일도 아니기 때문에 내 일이다'라고 생각한다. 그것이 당연하다고 생각한다. 이런 사람은 만원 지하철 안에서 자리를 양보하는 것과 똑같이 난파선에서 탈출하는 구명보트에 마지막 한 자리가 남았을 때도 평소의 목소리로 "자 먼저 타시죠"라고 말할 수 있지 않을까? 내 생각에 구명보트의 마지막 한 자리를 양보하는 행위는 머리에서 나오는 것이 아니다. 생각을 거듭한들 납득할 만한 결론이 나올 리 없다. "앗, 먼저 타세요!"라고 말하는 것이 습관인, 즉 신체화되어 있어서 자동으로 그렇게 말하는 사람밖에 할 수 없다.

도덕적이라는 것은 한마디로 '누군가 맡지 않으면 안 되는 일이 바로 내 일이다'라고 생각하는 것이다. 물론 이런 생각은 합리적이지도 공정하지도 않다. 그런데 그런 식으로 생각하는 사람이 집단 안에 일정 수 없으면 인간은 함께 살아갈 수 없다. 이것은 단언할 수 있다.

대부분 사람은 의논해서 결정하면 된다는 식으로 생각한다. 물론 그래도 문제없을 것이다. 그런데 그런 사고방식은 어떤 경우 그다지 합리적이지 않다. 아주 간단한 일, 예를 들어 바닥의 쓰레기를 누가 주울까를 두고 모두 모여 의논하는 것은 아무리 생각해도 너무 비효율적이다. 그럴 시간에 내가 주워 쓰레기통에 넣으면 끝이다.

악이 아니라
악인부터 시작하자

　지금은 종영한 드라마 〈모범택시〉를 몇 번 봤다. '복수대행서비스'라는 부제가 붙은, 우리 사회에 편재한 악을 통쾌하게 처단하는 내용이다. 어떤 회는 학교폭력자에 대한 복수였고, 어떤 회는 한때 우리 사회를 떠들썩하게 만든 양진호 사건을 패러디했다. 그러고 보니 〈모범택시〉는 일본 드라마 〈난데모야(なんでもや)〉(무엇이든지 해주는 업체, 영어로는 jack-of-all-trades)를 연상케 한다.

　드라마는 성경의 한 구절을 거듭해서 인용한다. "악에게 지지 말고 선으로 악을 이기라(로마서 12:17~21)." 그런데 우리 경험에 따르면, 악은 통속과 달리 선의 대립 항이 아니다. 선악이원론으로 나누어진 세계는 나름 선한 세계다. 내가 이렇게 보는 강력한 이유는, 그런 세계는 구성원 사이에 가치의 잣대를 공유하고 있기 때문이다. 지금부터 선과 악에 대한 통념을 무너뜨릴 수 있는 긴 이야기를 하나 하고자 한다.

서양의 악마는 천사가 추락한 것이다. 따라서 신의 계획을 숙지하고 있다. 그렇지 않다면 신이 싫어하는 것만을 선택적으로 수행하는 곡예를 할 수 없다. 그런 의미에서 악마 또한 신이 정한 규칙을 따르고 있다. 악이 선의 여집합인 세계는 나름 선한 세계이다. 선악의 조리가 제대로 통한다. 그러므로 정말로 악한 세계가 있다면 선악이원론이 성립하지 않는 세계다. 선악의 도량형이 공유되지 않는 세계, 선이 악으로 갑자기 바뀌고 악이 선으로 둔갑하는 세계, 똑같은 행동이 사람을 행복으로 이끌거나 불행하게 만드는 세계, 무엇이 악인지를 실증적으로 말할 수 없는 세계는 문자 그대로 악한 세계다.

선악이원론에서 악은 처음부터 악이 아니다(악은 명사가 아니다). 이때 악은 선의 대항 가치다. 먼저 선이 있고 그 뒤에 악이 있다. 선악이원론에서는 이 순서로 일이 이루어진다. 신이 먼저 선한 일을 정한다. 해야 할 것, 해서는 안 될 것에 관한 계율을 인간에게 제시한다. 그것을 우연히 들은 악마가 인간에게 다가와 "그런 일 안 해도 되거든" 하며 꼬드긴다. 또한 해서는 안 되는 일을 "빨리빨리 해치워 버려"라며 부추긴다. 그런 구조다.

악마는 추락한 천사이기 때문에 원리적으로 선에 뒤처져 있다. 곧, 악마에게는 자주성이 없다. 선한 일을 망라한 목록을 손에 들고 늘 자기 행동을 꼼꼼히 점검하지 않으면 자칫 선행을 돕거나 악행을 방해하게 된다. 그래서는 악마의 존재 의미가 없다.

알 파치노가 아주 매력적인 악마를 연기한 영화 〈데블스 애드버캣(Devil's Advocate)〉이 있다. '악마의 변호인'은 로마 가톨릭교회의 시성식 과정에서 등장했다. 악마의 변호인은 법률을 담당하는 변호사로 교회의 권한으로 임명된다. 시성식의 후보자를 반대하는 역할을 맡아 회의적인 시각으로 특정 후보를 검증한다. 악마 알 파치노나 그에게 유혹당하는 키아누 리브스 모두 범죄자를 무죄로 만드는 데 천부적인 솜씨를 발휘하는 변호사다. 악마의 변호인 알 파치노는 모든 성구를 줄줄 꿰고 있다. 그래야 신의 뒤통수를 칠 수 있기 때문이다. 악마는 신의 의도를 속속들이 알고 있는 '신의 의도에 관한 프로페셔널'이다.

악마는 절대로 선수를 칠 수 없다. 그것이 선악이원론적 세계에서 악의 위치다. 그러므로 선악이원론적 세계에서 악은 본질적으로 약한 악이 된다. 힘이 아니라 권리가 말이다. 악은 장을 이끌 수 없고 게임의 규칙을 만들 수 없기 때문이다. 즉, 악은 신이 통치하는 선악이원론 내부 존재로서 시민권이 주어져 있다. 게다가 신앙심이 약한 자들에게 '신이 하시는 말을 듣지 않으면 이런 심한 경우를 당한다'고 교화하는 역할까지 맡고 있다.

정말로 악이 약하다면 매우 좋은 일이다. 악이 약한 것보다 좋은 일은 없다. 그러나 그것은 인간의 바람일 뿐이다. 실제로 악은 강하다. 매우 강하다. 이 세계에서 악은 선악이원론적 악이 아니다. 미국의 40대 대통령 로널드 레이건이 소련을 "악의 제국"으로 명명한 적이 있다. 자유민주주의 나라들과 전체주의 독재 국가들을 대비하면서 한 말이다. 그에게 악의 제국이라는 표상을 가져다준 것은 조지 루카스의 〈스타워즈〉에 등장하는 은하제국이다. 이런 단순한 세계관은 세계를 말할 때 사고 부하를 극적으로 줄여준다. 하지만 그 대가로 진짜 악은 무엇인지에 관해 한 걸음 더 들어가는 성찰을 방해한다. 우리의 경험이 잘 가르쳐주듯이, 악의 제국에 모든 악이 응집되어 있어서 그것을 부숴버리면 극락이 된다고 말할 수 있을 정도로 인간 세계는 단순하지 않다. 이후 조지 부시 대통령도 선임자의 이 비유를 빌려 "악의 주축"이라는 표상으로 이라크 전쟁을 정당화했다. 그도 복잡한 사고는 잘하지 못하는 사람이었다.

결과적으로 선악이원론의 악이 아니라, 선악이원론 자체가 파괴를 가져왔다. 세계에서 일어나는 일들을 선악이원론으로 포착하려는 지성의 부재가 악으로 상정된 것이 저지른 일 이상의 거대한 파괴를 가져왔다. 시스템의 한 점에 응집한 악을 제거하면 모든 문제가 해결

된다는 명제 설정 방식 자체가 이 세계에 폭력과 파괴를 가져왔다. 만약 결과적으로 심한 파괴를 가져온 사람, 많은 이를 죽인 사람, 사람들이 오랜 시간과 수고를 들여서 겨우 만들어낸 것을 한순간에 망가뜨린 사람을 악인이라고 부른다면, '나는 선인이다'라는 전제로부터 이야기를 시작하는 사람이 종종 악인이 된다.

내가 이런 논리를 펴는 이유는 '선은 악이다'는 패러독스를 꺼내서 이야기를 복잡하게 만들기 위해서가 아니다. 추상적인 관념으로서 악과 구체적인 존재자로서 악인을 나누어보자는 취지다. 그래야 사태의 진상을 제대로 파악하는 데 도움이 되지 않을까 싶어서다. 악은 정성적이 아니라 정량적으로 포착해야 한다. 크기, 넓이, 깊이, 온도, 속도 등 계측 가능한 단서를 가진 것은 어떻게든 제어할 수 있다. 하지만 선, 악, 사랑, 아름다움은 형태를 부여하지 않는 한 제어 불가능하다.

일본을 대표하는 소설가 하시모토 오사무(橋本治)의 초기 소설에 사랑이란 무엇인가, 현대인은 사랑할 수 있는가 같은 논의를 여자친구와 먼저 하고 나서야 비로소 섹스하는 청년이 나온다. 이건 순서가 좀 이상하다. '현대인은 사랑할 수 있는가?'라는 물음을 둘러싸고 백만 개의 말을 남발해도 아마 사랑의 실체에 닿을 수 없을 것이다. 그것보다는 토론을 너무 많이 한 나머지 목이 마른 상대방에게 차가운 물이 든 컵을 건네는 행위가 훨씬 사랑에 관해 제대로 가르쳐줄 것이다(이 책 전반에서 사용하고 있는 용어로 표현하자면, 사랑은 명사가 아니고 동사다. 혹은 사랑은 실체가 아니라 어디까지나 행위다).

구체적이고 한정적이고 물질적이고 단편적인 것이 오히려 어떤 개념에 제대로 형태를 부여한다. 나의 다양한 경험이 가르쳐주는 직감이기도 하다. 관념을 갖고 놀아서는 어디에도 당도하지 못한다. 그것보다는 구체적인 일부터 시작하는 편이 낫다. 사랑에 관한 불모의 논쟁을 벌이던 도중에 "자 여기요" 하고 건네는 물에 대해서는, 물을 건넬 때 표정은 온화했는가, 수온은 몇 도인가, 컵은 청결한가, 컵을 내밀 때 손의 움직임은 어느 정도 부드러웠는가 같은 정량적 음미가 가능하다. 그리고 더러운 컵에 담은 물을 주위에 흘리면서 무성의하게 턱 하고 내밀 때는 별로 사랑과 관계없음을 눈치챌 수 있다. 이처럼 어딘가에 정량적인 분기점이 있다. 그것을 넘어서면, 내민 컵을 사랑의 징표로 해석하기 매우 어려워지는 손익분기점 같은 것이 있다. 황경민 시인도 내 생각과 비슷하게 말한다.

사랑한다 사랑한다 아무리 써봐라, 그 진심이 가 닿는가? 정녕 사랑한다면 사랑한다는 말을 않고도 사랑함을 증명해야 한다. 아니, 정녕 사랑하는 사람은 사랑한다는 상투적인 말로 사람을 안 꼬신다. 그 말 말고 그 말을 대신하는 다른 말을 찾는 것, 아니 사랑이라는 말에 육체성과 물질성을 입히는 것, 사랑을 전면화하는 것, 그리하여 사랑하는 존재를 대체할 수 없는 존재로, 그 자신도 모르는 자신의 존재 가치를 현실화하는 것, 존재를 지극하게 대접하는 것, 그게 시의 언어가 할 일이다(황경민 페이스북).

악에 관해서 똑같이 말할 수 있다. 그다지 나쁘지 않은 악(〈이웃사람〉의 마동석), 상대적으로 좀 나은 악(〈악인전〉의 마동석), 너무나도 비인간적인 악(〈악인전〉의 김성규), 도저히 구제 불능인 악(〈낙원의 밤〉의 박호산) 사이에는 분기점이 존재한다. 단, 조건 항목을 만들어서 열거할 수 없다는 점에 유념해야 한다. 상대적으로 좀 나은 악이라는 판단은 그 장에 있는 고유한 개인이 내리기 때문이다.

예를 들어 당신이 비합법적인 정치운동을 해서 체포되었다고 하자. 취조관 중 한 명은 아주 심성이 고약해서 당신에게 가학적인 고문을 서슴지 않는다. 다른 한 명은 상대적으로 온화하다. 온화한 취조관이 연일 계속되는 취조에 지칠 대로 지친 당신을 위로하면서 "돼지국밥이라도 먹지 않겠나?" 같은 상투적인 배려를 브인다. "어느 쪽이 나아?"라는 질문을 받으면 당신은 어떻게 하겠는가? 뇌가 아무리 둘 다 한통속이라고 단정해도 몸은 상대적으로 온화한 취조관을 선택할 것이다. 우리 몸에는 한도가 있다. 어느 정도 잠을 자거나, 밥을 먹거나, 경의의 마음으로 대우받지 못하면 계속 인간일 수 없다. 어딘가 망가지고 만다.

어차피 한통속이더라도 성격이 좀 좋고 신사적인 악당과 공격적이고 천박한 악당을 놓고 봤을 때, 신체를 가진 인간에게는 함께 지내는 시간의 '견디기 힘듦 정도'가 다르다. 한통속을 개체 식별하지 않고 한통속으로 처리할까, 아니면 악당의 개체 차이를 정밀하게 조사해서 그 차이가 어디에서 오는지를 음미할까? 여기서 인간 지성의 정밀도가 나온다.

〈페이백〉이라는 멜 깁슨 주연의 영화가 있다. 리처드 에릭 스타크(Richard Eric Stark)가 조형한 '악당 파커'를 영화로 만들었다. 저작권 문제 때문에 주인공 이름은 파커가 아니라 포터다. 포터가 강도질해서 손에 넣은 돈을 파트너가 가로채 도망치는데, 포터가 이 파트너를 집요하게 찾아다니는 이야기다. 이른바 '등장인물 전원 악당' 영화인 셈인데, 악당들의 사악함에는 미묘한 정도 차이가 있다. 사악함의 정도와 복수의 잔혹도는 비례한다. 그 정치한 차이를 음미하는 것에 이 영화의 묘미가 있다.

포터는 도중에 상대 조직에 잡혀서 고문당한다. 망치로 발가락을 하나씩 망가뜨리는 심한 고문이다. 이때 상대 조직의 넘버원(제임스 코번)이 유혈 낭자한 장면을 못 견디겠다는 표정으로 바라보면서 포터에게 속삭인다.

"보스가 오기 전에 다 부는 게 좋아. 그 사람이 오면 이 정도로 끝나지 않을 테니."

그러나 포터는 말을 듣지 않는다. 그렇게 계속 버티는 와중에 보스가 도착한다. 제임스 코번은 "아아" 하며 하늘을 쳐다본다. 이 장면이 인상에 깊게 남아 있다.

보스와 코번 모두 악당이다. 주인공도 포함해서. 그런데 악함에도 정도 차이가 있다. 희희낙락하며 고문을 자행하는 인간과 고문을 생리적으로 불쾌하게 느끼는 인간의 차이는 이 장면에서 그다지 본질적이지 않다. 제임스 코번도 포터를 구하지 않는다. 그런데도 거기에는 근소한 차이가 있다. 심한 사악함과 그 정도까지는 아닌 사악함이라는 디지털 경계선이 있다.

일본 작가 이토 게이치(伊藤桂一)가 쓴 《조용한 노몬한》(1939년 몽골과 만주의 국경 지대 노몬한에서 일어난 일본군과 소련군의 대규모 무력 충돌 사건을 배경으로 한다. 일본군의 참패로 끝났다)을 보견 정전 뒤 사망자를 회수하러 갔을 때 같은 일로 온 소련군 장교로부터 거수경례를 받는 장면이 나온다. 화자인 소위는 순간 격한 분노에 휩싸인다. 소련군 장교는 그 사실을 눈치채지 못하고 담배 한 개비를 건넨다. 소위는 어쩔 수 없이 담배를 받고 불을 붙인다.

"소련제 담배는 맛은 좋지 않았지만, 그때 문득 이 싸움은 그 장교와 군대가 일으킨 것이 아니고 그들도 고통스러운 싸움을 묵묵히 참고 견뎠을 뿐이라고 생각하니 발작과 같은 분노의 마음이 사그라졌습니다."

거대한 파괴와 밑바닥이 보이지 않는 부조리 안에 '몸을 가진 인간'이 등장할 때가 있다(안정효의 《하얀 전쟁》이 그렇다). 나는 그것이 악을 제어하기 위해서 사용할 수 있는 확실한 방법의 하나가 아닐까 생각한다. 악의 관념을 선의 관념으로 제어할 수는 없다. 우리에게 가능한 것은 구체적인 악의 현장에 내려섰을 때 '보다 작은 악'과 '보다 큰 악'을 식별할 수 있는 날것의 신체 감각이다. 악이 아니라, 악이 인격화한 악인부터 생각해야 한다. 상대가 신체를 가진 인간이라면 제어 가능성이 있다.

소수파의 말하기

　모든 의견은 정치적이다. 나와 같은 소수파의 사견 또한 정치적일 수밖에 없다. 그런데 우리는 압도적인 다수가 지지하는 정치적 의견은 온건하고, 소수의 지지자밖에 없는 의견은 과격하다고 생각하기 쉽다. 이것은 명백히 잘못이다. 내 경험에 따르면, 압도적인 다수가 지지하는 정치적 의견은 종종 실현 불가능한 공론(空論)을 선호한다. 어떤 사안을 지지하는 사람 숫자가 많으면 굳이 그 사안의 옳고 그름에 대해서 책임질 필요가 없기 때문이다. 개인의 실존을 걸 필요가 없다.

황경민 시인은 다음과 같이 말한다.

'거대한 진영'에 몸을 담는(맡기는) 것은 세상에서 가장 손쉬운 일이다. 그래서 진영에 몸을 담았기로 내가 포함된 진영이 옳다고 외치는 것은 세상에서 가장 바보 같은 짓이다. 나라는 진실, 나라는 고유성, 나라는 목적은 진영 따위에 구애받지 않아야 한다. 구애받더라도 그것을 넘어서려고 (고투)해야 한다. 나를 고착시키지 않고 변화하고 전화하는 존재로 격상시키는 것, 그것이 나에 대한 예의고 세상을 변화시키는 시작이다. 진영에 몸을 맡긴 채 내세우는 양심과 정의와 공정과 개혁과 선의는 그것이 아무리 옳아도(옳다고 우겨도) 아직은 불의와 불공정과 답습의 한쌍(쌍둥)이다. 정의와 양심은 대개 내가 내세운(진영에 몸을 담고 내세운) 정의와 양심을 폐기하는 결단(용기)과 함께 도래한다(황경민 페이스북).

내가 말하기를 멈추면 이 세상에 말할 사람이 한 사람도 남지 않는 의견, 내 설득이 먹히지 않으면 그대로 공중에서 사라질 의견은 성심성의껏 말할 수밖에 없다. 소수의견일수록, 다른 사람 귀에 닿을 필요가 있다고 간절히 바라는 의견일수록 화법은 신중하고 온화해진다. 설불리 단정하거나 윽박질러서 듣는 사람이 "정말 기분 더럽네"라며 귀를 막아버리면 그것으로 끝이다. 이런 사태를 피하기 위해서는 소매를 붙잡고 끈덕지게 "여하튼 일단 이야기를 들어달라"고 간청해야 한다. 이런 화자의 말이 위압적이거나 단정적이거나 냉소적일 리 없다. 어떤 말이 위압적이거나 단정적이거나 냉소적일 수 있는 까닭은, 불쾌한 화법을 견디지 못한 청자가 들을 마음이 사라져도 말하는 이가 조금도 곤란하지 않기 때문이다.

청자가 들을 마음이 사라져도 조금도 곤란하지 않은 화법을 채용하는 이유는 두 가지다. 우선, 청자를 얼마든지 대체할 수 있다고 생각하기 때문이다. '내 이야기를 지지해 줄 사람은 얼마든지 있으므로 너는 사라져도 돼'라고 생각한다. 다음은, 화자를 얼마든지 대체할 수 있다고 생각하기 때문이다. 설령 귀에 거슬려서 "이제 그만 해라" 하고 제지당해도 나를 대신해 말할 사람이 얼마든지 있다고 생각하면 화법과 논리회로에 신경 쓰지 않는다. 자기 말에 논리성이 없어도 전혀 신경 쓰지 않는 사람, 자기 말을 뒷받침하는 증거 제시에 게으른 사람, 정성을 기울여 타인을 설득할 마음이 없는 사람은 무한의 청자를 향해서, 무한의 화자가 있는 상황을 상정해서 말한다. 그러다 보니 나를 대신해서 청자를 배려할 사람이 있다고 생각하면 얼마든지 적당한 수준에서 타협할 수 있다.

인터넷에서의 폭언과 악플을 보면 쉽게 알 수 있다. 위압적이거나 단정적이거나 냉소적인 사람은 자신과 생각이 같은 수십만 명을 (근거도 없이) 전제해서 행동한다. 내 의견이 압도적인 다수의 지지를 받고 있다고 생각하므로 언어는 조잡하고 겉날리고 공소해진다. 더는 '그것은 내 말입니다'라고 책임질 개인, '내가 말하기를 멈출 때 그 말은 나와 함께 사라진다. 그래서 나는 말하기를 멈출 수 없다'고 생각하는 개인이 어디에도 없기 때문이다. 20세기 정치사를 돌아보면 쉽게 알 수 있다. 스탈린도 히틀러도 폴 포트도 카다피도 압도적 다수의 지지를 얻고 있는 의견을 기반으로 정치했다. 하지만 나중에 '그 말은 내 말이었습니다'라고 책임진 사람은 아무도 없었다.

따라서 '지지자가 많은 의견은 현실적이고, 지지자가 적은 의견은 공론에 그친다'는 명제는 논리적·실천적으로 옳지 않다. 오히려 지지자가 늘어날수록 "마지막 한 명이 되더라도 나는 계속 말할 것이다"라는 사람이 줄어들기 마련이다. 민주주의에는 '소수의견의 존중'이 있다. 나는 이것을 다수파가 공동화될 위험으로 이해한다.

소수파인 나는 이렇게 생각한다. '이렇게 말하는 사람은 현재 나뿐이라서 여기서 그만두면 그 말은 나와 함께 사라질 것이다. 당장은 아무도 알아주지 않지만 계속 정성껏 말하다 보면, 언젠가 내 생각에 주파수를 맞춰 사고하는 청자가 나타날 것이다. 그때 내 생각은 사념을 멈추고 공공성을 획득할 것이다.' 마치 압도적인 소수파인 것처럼, 나 이외에는 그 생각을 대변할 사람이 어디에도 없는 것처럼 말하고 쓰기, 이 책은 그런 비장함과 간절함을 품고 있다.

2부

명사에서 동사로

사상은
언제 부활하는가?

    문자는 '말'의 흔적이다. 물론 흔적에만 머무르지 않고 원래의 '말'과 단절된 새로운 커뮤니케이션의 계기가 되기도 한다. 문자는 과거에 이루어진 교통(交通)의 장의 폐허물이다. 그것을 이해하기 위해서는 다시 교통의 장을 구성할 필요가 있다. 그러나 재구성한 교통의 장은 원래의 '장'일 수 없다.

    작품도 똑같다. 작품은 사상의 폐허다. 폐허가 낙원이 아닌 것처럼 폐허가 된 작품을 문자 그대로 '사상'으로 간주하는 사람은 없을 것이다. 작품은 다시 교통의 공간에서 복원될 필요가 있다. 작품에 대한 깊은 동의는

이러한 복원과 행복, 희유의 순간이다. 그리고 작품에 대한 동의가 창조적인 까닭은 잃어버린 것의 복원을 반드시 포함하기 때문이며, 깊은 동의가 원래의 낙원을 넘어설 가능성을 갖기 때문이다(茂呂雄二(1999),《具体性のヴィゴツキー》,金子書房, pp. 5~6).

일본의 비고츠키 연구 일인자이자 나의 박사논문 지도교수인 모로 유지의《구체성의 비고츠키》서문의 일부다. 이 책을 일본 유학 직전에 만났는데, 당시에는 이 글은 말할 것도 없고 책 전체에 대한 나의 이해 수준이 형편없이 낮았다. 책 내용은 무척 난해했다. 하지만 이 글을 이해하고 싶은 욕망은 내 이해 수준과는 대조적으로 최고조였다. 그 후 약 6년간의 유학 생활이 시작되었고, 책의 다른 내용은 차치하더라도 이 글만큼은 이해하려고 무척 애를 썼다. 그러나 유학을 마칠 때까지 끝내 성공하지 못했다.

유학을 마치고 한국에 돌아와서 눈에 제일 잘 띄는 곳에《구체성의 비고츠키》를 두고 생각날 때마다 안광이 지배를 철할 정도로 이 글을 읽고 또 읽었다. 그런데도 나의 접근을 좀처럼 허용하지 않았다. 읽고 음미하면 할수록 난해함은 깊이를 더해갈 뿐이었다. 이 정도까지 좌절을 경험했으면 원작자에게 물어볼 만도 한데 그러지 않았다. 혼자서 난해한 문장을 독해했을 때 느끼는 쾌감이 누군가로부터 가르침을 받았을 때보다 비교할 수 없을 정도로 클 것이라 확신(어찌 보면 전혀 근거 없는)했기 때문이리라.

그런데 이 글을 독해할 수 있는 계기가 우연히 찾아왔다. 강원도에 있는 ○○교육연수원 연수 담당 연구사로부터 비고츠키 관련 강의를 해달라는 요청을 받았다. 담당 연구사는 "이번 강의는 어쨌든 수강생들 수준이 그렇게 높지 않으니 쉽고 재미있게 해주실 것을 부탁드립니다"라는 엄청나게 부담스러운 말을 하고 전화를 끊었다. 강의를 수락했으니 다시 물릴 수는 없는 노릇이라서 그 전의 어떤 강의보다 노트 작성에 온 힘을 다했다. 강의 노트를 한창 준비하던 중 뭔가를 검색할 일이 있어서 검색 엔진에 들어갔다. 그러다 '매창'이라는 조선 중기 기생이 쓴 시를 한 편 읽게 되었다.

이화우 흩뿌릴 제 울며 잡고 이별한 님
추풍낙엽에 저도 날 생각는가
천 리에 외로운 꿈만 오락가락하노매

매창의 본명은 이향금(李香今), 자는 천향(天香), 매창(梅窓)은 호다. 계유년(1573년)에 태어났으므로 계생(癸生)이라 불렸다. 시문과 거문고에 뛰어나 당대의 문사인 유희경(劉希慶), 허균(許筠), 이귀(李貴) 등과 교유가 깊었다. 부안의 기생으로 개성의 황진이와 더불어 조선 명기의 쌍벽을 이루었다고 한다. 내가 그때 읽은 시는 〈이화우(梨花

雨) 흩뿌릴 제〉다(최옥정(2016),《매창》, 예옥).

　1591년 봄, 매창은 부안에서 유희경을 만나 시를 주고받다 사랑에 빠졌다. 둘의 나이 차는 스물여덟 살이었다. 매창은 천민 출신이었으나 사대부들과 교류했을 정도로 문장력이 뛰어났다. 이듬해 임진왜란이 일어나자 유희경은 의병을 모아 참전했다. 매창의 시에 답하는 유희경의 시〈매창을 생각하며(懷桂娘)〉는 이렇다.

　그대의 집은 부안에 있고
　나의 집은 서울에 있어
　그리움 사무쳐도 서로 못 보고
　오동에 비 뿌릴 젠 애가 끊겨라

　매창은 유희경을 부안에서 서울로 떠나보낸다. 지금처럼 자동차를 굴리고 스마트폰으로 화상통화할 수 있었다면 "울며 잡고 이별한 님"이나 "오동에 비 뿌릴 젠 애가 끊겨라" 같은 시구는 나오지 않았을 것이다. 여기까지 생각이 미치자 문득 '당시 매창의 눈에는 한양이 어떻게 보였고 유희경의 눈에는 부안이 어떻게 보였을까?'라는 물음이 떠올랐다.
　매창과 관련한 물음과 답을 반복하다가 나는 "아하"하고 크게 무릎을 쳤다. 앗, 이것이 바로 비고츠키가 말한 "도구에 매개된 마음

(tool-mediated-action)"이구나! 인간은 특정한 사회문화적 환경에서 성장함에 따라 "날것의 마음"에서 "도구에 매개된 마음"으로 바뀌어 간다고 비고츠키는 말했다(Vygotsky(1978), 《Mind in Society: The Development of Higher Psychological Processes》, Harvard University Press). 비고츠키는 사람의 행위능력을 "사람과 인공물(artifact)의 세트"로 다루었다(Vygotsky(1997),《The problem of consciousness. In R. W. Rieber & J. Wollock (Eds.), The collected works of L. S. Vygotsky, Vol. 3》, Plemum Press, pp. 217~238). 바꿔 말하면 비고츠키는 행위자가 대상을 바라보는 단순한 도식, 즉 '주체→대상'이라는 도식을 확장했다. 물론 행위자의 눈에 주체→대상은 직접적으로 지각된다. 그러나 배경에는 대상을 대상으로서 가시화하는 인공물이 있다. 대상에 대한 인식은 주체 주위에 있는 인공물에 의해 이루어진다.

내가 사는 일광에서 부안군청까지 간다고 생각해 보자. 나는 부안군청까지의 거리(319.9킬로미터), 가는 데 걸리는 시간(4시간 56분 정도)과 교통비(65,000원) 등으로 대상(부안군청)을 바라본다. 그런데 만약 사고와 파업 등으로 KTX가 다니지 않는다면, 자동차도 없어서 자전거로 가야 한다면 부안군청까지 가는 길은 내게 어떻게 보일까? 이처럼 부안군청까지 가는 길에 대한 나의 직감은 교통수단이라는 도구와 밀접한 관련이 있다. 즉 주체→대상이라는 직감은 문화적 도구를 전제로 한다.

이렇게 생각하다 보니 오랫동안 목에 걸려 삼키지 못한 생선 뼈와 같은, 스승이 쓴 난해한 문장을 이해할 수 있을 것 같았다. "작품은 다시 교통의 공간에서 복원될 필요가 있다"라는 명제는 자기 신체 실감, 생활 체험에 기초해서 비고츠키의 텍스트를 읽을 필요가 있음을 의미한다고 확신했다. 그리고 읽는 이의 생활과 신체를 이른바 담보로 내놓을 때 비로소 비고츠키는 소생한다. 스승의 표현을 빌리자면 그때마다 복원된다.

내가 지금까지 한 이야기 가운데 비고츠키 책에 등장하는 사례는 하나도 없다. 그러나 스승 모로 유지의 가르침을 받아 비고츠키를 논하는 데 이런 탐구 자세가 문제 된다고 생각하지 않는다. 비고츠키의 생활 체험, 신체 실감을 자양분으로 해서 탄생한 사상이 비고츠키의 몸과 시대를 떠나서 매끈한 표로 교조화되었을 때 그 사상은 죽을 수밖에 없다. 2021년 우리가 만나는 비고츠키 또한 대부분 죽어 있는 모습이다. 모로 유지의 표현을 빌리자면 '폐허'를 만나는 것이다. 러시아어로 된 비고츠키 사상이 아무리 완벽하게 한국어로 번역되더라도 폐허라는 사실에는 변함이 없다.

생활 체험과 신체 실감을 텍스트에 밀어 넣고 읽다 보니 "작품은 사상의 폐허다"라는 명제의 물질감(폐허)과 반대로 살아 숨 쉬면서 내게 다가오는 '순간'을 맛보았다. 텍스트를 복원하기 위해서는 그 사상을 읽는 사람의 생활 체험과 신체 실감에 기초한 읽기에서 시작해야 한다. 이처럼 철학서, 사상서를 읽는다는 것은 철저하게 개인적인 일이다. 읽는 이가 텍스트에 자기 신체를 밀어 넣지 않는 한 텍스트는 예지를 열어 보여주지 않는다.

철학자 레비나스는 자신을 맑시안(Marxian)이라고 불렀다. 그에 따르면 맑시안은 "마르크스의 사고를 마르크스의 용어를 사용하지 않고 말하는 사람(內田樹(2003), 《ためらいの倫理学: 戦争·性·物語》, KADOKAWA)"이다. 레비나스가 마르크시스트(Marxist)가 아니라 맑시안으로 부르는 까닭을 우치다 타츠루는 이렇게 말한다.

레비나스 선생님은 유대교의 탈무드 학자로 돌아가실 때까지 탈무드 해석 강의를 매주 토요일마다 하셨습니다. 탈무드 해석학은 자신의 생활 체험, 신체 실감을 담보물로 내어놓음으로써 성구의 의미를 소생시키는 작업이지요. 탈무드 원문 그 자체는 문자 그대로 죽은 것입니다. 성구의 해석을 둘러싼 고대 랍비들의 논쟁이 단지 기록되어 있을 뿐 거의 의미불명 상태입니다. 이 대화를 생생한 것으로 부활시키는 것은 해석자의 몸입니다. 해석자가 자신의 생활과 신체를 걸고 하나의 텍스트를 해석하는 것이지요. 인생 경험, 직업 경험, 가족과의 관계 등과 같은 구체적인 경험을 통해서 형성된 유일무이한 '개인'으로서 전력을 다해서 해석합니다. 해석자에게는 해석학적인 지식뿐만 아니라 생활자로서의 경험지가 필요합니다. 성구에 대한 해석의 유일무이성을 보증하는 것은 그 해석이 다른 누구도 그 사람의 인생을 대신할 수 없는 '대체 불가능한 개인'에 의해서 이루어지기 때문이지요.

탈무드의 해석학은 그런 논리에 의해서 이루어집니다. 탈무드 해석학의 전제는 자신의 눈앞에 있는 소여의 성구, 예지로 가득한 성스러운 기호가 지금 당장은 의미불명의 상태로 머물러 있다는 것입니다. 그것은 거의 고사 상태에 있습니다. 그것을 소생시키는 사람은 해석자입니다. 텍스트에 해석자가 자신의 실존을 걺으로써 말라비틀어진 식물에 물을 줄 때와 같이 성구는 열리고 의미가 출현하기 시작합니다. 개인의 실존을 걺으로써 텍스트가 말을 하기 시작하는 것이지요. 이것이 유대인들의 텍스트를 대하는 방식입니다(内田樹 & 石川康宏(2018), 《若者よ゛マルクスを読もうIII》, かもがわ出版, pp. 254~255).

실제로 우치다 타츠루 자신도 레비나스를 이렇게 읽고 있다고 기회가 있을 때마다 밝힌다. 우리는 텍스트와 '스승의 가르침을 받아 읽는 이=해석자' 사이에 이런 역동적이고 상호침투적인 관계가 있음을 늘 염두에 두어야 한다. 그런 측면에서 나는 러시아의 심리학자 레프 비고츠키의 연구자(비고츠키안)이고 미국의 사회학자 해럴드 가핑클의 연구자(가핑클안)다. 더불어 일본의 사상가이자 무도가인 우치다 타츠루의 연구자(타츠루안)다.

텍스트 안에 있는 지혜를 끄집어내기 위해서는 자기 말로 말하지 않으면 안 된다. 역설적이지만 자기 말로 사상을 말할 때 비로소 사상은 부활한다. 이것이 무엇을 의미하는지는 조금 긴 설명이 필요하다. 우치다 타츠루는 레비나스를 인용하면서 "스승은 우리의 성장 과정에서 처음으로 만나는 타자"를 가리킨다고 말한다.

> 인간의 '개성'은 바꿔 말하면 '오답자로서의 독창성'입니다. 어떤 메시지를 누구와 다른 방식으로 오해했다는 사실이 그 수신자의 독창성과 정체성을 결정짓습니다. 한 스승 밑에 여러 제자가 있지만 모두 그의 수수께끼를 풀지 못합니다. 그런데 바로 그 실패가 제자가 짊어져야 할 의무입니다. 실패 덕분에 스승과 대화를(스승의 사후에도) 계속하면서 '이것도 아니고 저것도 아니다'라며 수수께끼에 관해 끊임없이 논의할 수 있습니다. 그런 식으로 제자 각자의 정체성과 주체성이 만들어집니다(内田樹(2005),《先生はえらい》, 筑摩書房, p.37).

스승의 타자성은 단지 '이 사람은 나와 다르다'는 종류의 타자성이 아니다. '이 사람은 나의 이해가 도무지 닿지 않는, 영문을 알 수 없는 사람이다. 그런데 그 닿지 않는 이해는 제자인 나에게만 고유해서 누구도(스승의 친구나 다른 제자도) 말할 수 없다'는 대체 불가능한 타자성이다. 그러므로 제자가 스승을 이해한다는 것은 불가능하다. 제자는 스승에 대해서 '나의 이해가 도무지 닿지 않는 것을 알려주는 사람'

이라는 사실밖에 알 수 없다. 그리고 그 앎은 제자마다 달라서 고유성을 지니고 있다. 스승의 첫 번째 일은 '다른 누구도 나를 대신할 수 없는 형태로 스승과 관계를 맺고 있다'는 자기 승인을 제자에게 심어주는 것이다.

그런데 제자 모두가 뛰어나서 스승을 이해할 수 있다고 가정하면 제자들 한 명 한 명의 존재 가치는 단박에 1/n로 급락한다. 당신을 대체할 수 있는 사람은 얼마든지 있으므로 당신은 없어도 된다! 사제관계에서 스승의 첫 번째 일이 '제자를 둘도 없는 존재로서 승인하는 것'이라면, 당연한 귀결로서 스승이 제자의 이해를 넘어서는 것은 필수다. 이렇게 스승의 타자성은 제자의 유일무이성에 기초한다.

제자가 된다는 것은 자신을 없애라는 것, 머리를 숙이고 잠자코 있으라는 것이 아니다. 스승의 말을 앵무새처럼 흉내 내라는 것도 아니다. 그렇게 해서는 제자의 고유성(uniqueness)을 발휘할 수 없다. 제자의 책무는 스승과의 '대화적 운동' 과정에서 유일무이한 것, 그때까지 아무도 말한 적이 없는 것을 말하는 데 있다. 우치다 타츠루는 스승인 레비나스의 사상을 지금까지 누구도 말한 적 없는 화법, 앞으로 그 누구도 사용하지 않을 것 같은 사고회로와 비유로 말하고 쓴다. 우치다 타츠루는 하이데거와 레비나스의 타자론을 비교하면서 다음과 같이 말한다.

레비나스는 주체와 타자를 모든 사건에 앞서서 기초 지워주는 '기반'을 아무런 의심 없이 전제하는 것을 거부한다. 우리는 고독하다. 타자와 주체 사이에 '공통의 조국'은 없다. 타자란 주체의 이해도 공감도 할 수 없는 타자이다. 레비나스는 확실히 많은 저작에서 그렇게 쓰고 있다. 그런데 이것은 레비나스가 전후의 이 시기가 아니면 아마도 말하지 않았을 격한 말이다. 실제로 나와 타자는 인습적인 의미에서 조국을 공유하고 있고, 언어를 공유하고 있고, 종교와 이데올로기와 미의식을 공유하고 있기 때문이다. 스쳐 지나가는 모르는 사람조차도 우리는 그 나름의 이해와 공감을 가질 수 있다. 그런데 레비나스는 그것을 인정하지 않는다. 왜냐하면 홀로코스트에서 이 정도의 '이해와 공감'은 600만 명이나 되는 동포의 조직적 학살을 막는 데 도움이 되지 않았기 때문이다(애당초 '공동존재'의 학설을 말한 철학자는 나치스의 지지자였다). 철학적 공감과 경박한 데마고기에 쉽게 굴복해서 이웃의 학살을 묵과한 사람들에 둘러싸여 있을 때 그들과 '그 나름의 이해와 공감'에 의지할 수 없다. 살아남으려고 하면 '어떠한 이해도 공감도 할 수 없는 타자'와 그럼에도 대화할 수 있는 곤란한, 그러나 견고한 '관계'를 구축할 수밖에 없다. 그것이 역사적 조건(홀로코스트)이 레비나스에게 부과한 '철학적 주제'였다(内田樹(2008),《困難な自由―ユダヤ教についての試論》, 国文社, pp. 12~13).

우치다 타츠루는 레비나스의 제자라는 자리를 충실히 지키고 따른다는 의미에서 "어떠한 이해도 공감도 할 수 없는 타자"와 어떻게 커뮤니케이션할 수 있는가를 자기 사상의 기초로 삼는다. 우치다 타츠루의 사상은 레비나스로부터 영향받았지만, 레비나스가 맑시안을 자칭했듯이 자신을 레비나시안(Levinassien)으로 부른다. 물론 여기서 말하는 레비나시안은 레비나스의 사상을 자기 말로 조술하는 레비나스 연구자를 뜻한다. 우치다 타츠루의 표현을 빌리자면 "레비나스 신봉자"다.

우치다 타츠루는 레비나스의 타자론 혹은 커뮤니케이션론을 자기 말로 세상에 전하는 전략 중 하나로, 가족 간에는 공감이라는 정서가 깔려 있어야 한다는 상식에 이의를 제기한다.

인간의 생리 과정이 '기아 베이스'이고 공동체 원리가 '약자 베이스'인 것처럼 가족은 '수수께끼 베이스'다. 부모-자식이든 배우자든 무엇을 생각하고 있는지 서로 잘 몰라도 기본적인 서비스 제공에는 지장 없도록 가족제도는 설계되어 있다. 가족 구성원끼리 마음속 구석구석까지 다 이해할 수 있어서 성원 간에 애정이 넘쳐흐르는 관계 위에서 비로소 기능하는 것으로 가족을 관념하면, 이 세상에 제대로 된 가족은 원리적으로 존재하지 않는다. 원리적으로 존재할 수 없는 것을 '가족'이라고 정의하고, 그 상태에서 "가족은 해체되었다"든지 "가족은 상실되었다" 같은 말을 하는 것은 너무나 난센스다. 바뀐 것은 가족이 아니라 가족의 정의다. 누가 바꾸

었는지 모르겠지만, 본래 가족이란 좀 더 표층적이고 간순하다. 성원은 의례를 지키면 된다. 이상이다. 그것에 사랑이나 이해와 같은 쓸데없는 조건을 더하기 때문에 가족을 유지하는 것이 곤란해지고 말았다(内田樹(2014), 《邪悪なものの鎮め方》, 文藝春秋, pp. 311~312).

가족이란 어떤 존재인가, 가족은 어떠해야 하는가에 대한 우치다 타츠루의 기술은 '가족에 대한 이상을 너무 높게 세우지 않는 것이 중요하다'는 전제로부터 출발한다. 물론 가족에 관해 높은 이상을 세우는 것은 필요하다. 그러나 '그러해야 할 가족'의 허들을 너무 높이 설정해서 가족이 서로 미간을 찌푸리거나 혀를 차면서 지내는 것은 별로 좋지 않다. 그것보다는 가족의 합격점을 비교적 낮게 설정해 '아, 오늘도 합격점을 땄다. 아 다행이다'라며 안도하는 일상을 보내는 것이 좋다. 참으로 레비나시안다운 레비나스 사상의 이해 방식이자 전달 방식이 아닌가 싶다. 레비나스의 난해한 용어를 사용하지 않고 레비나스 사상의 본질을 자기 말로 전하는 곡예는 우치다 타츠루 같은 레비나시안에게만 가능할 것이다.

우치다 타츠루의 제자를 자임하는 나는 고유성을 지키기 위해서 스승의 사상에서 영향받은 동사적 사고에 관해서 '나 외에 누구도 말한 적 없는 말을 발(発)하기 위해 지금 여기에 있다(실제로 우치다 타츠루는 어떤 저작에서도 명사적 사고, 동사적 사고라는 말을 쓴 적이 없다). 우치다 타츠루가 레비나시안을 자칭하듯이 나 또한 타츠루안(Tatsuruan)을 자칭하고자 한다.

모든 제자는 스승을 이해하는 데 실패한다. 하지만 그 실패하는 방식의 둘도 없음, 대체 불가능성에 의해서 다른 어떤 제자로도 대체될 수 없는 고유한 사제관계를 구축한다. 그러면서 스승의 계보가 이어지며 사상은 부활한다.

어른이란

 석사과정 대학원 시절에 경도 지적장애를 지닌 초등학교 4학년생에게 수학 방정식을 가르치는 아르바이트를 한 적 있다. 아이는 학교에서 국어와 수학을 못했는데, 특히 수학 성적이 아주 낮았다. 부모가 담임교사와 상담한 이야기를 들어보니, 학교에서 아이의 수학능력 향상을 돕기 위한 어떠한 시도도 성공을 거두지 못했다고 한다. 여러 방식을 이용해 도우려 해도 아이는 간단한 수학 문제조차 이해하지 못했다. 아예 받아들이려고 하지 않았다. 결국 스스로 무능하다고 정의 내린 상황이었다.

과외를 시작하자마자 몇 주 동안 필사적으로 수학 방정식 문제를 나름 쉬운 방법으로 가르치려고 애썼다. 하지만 전혀 효과가 없었다. 아이는 자신에게 방정식은 도무지 해결 불가능할 정도로 어려운 과제이며, 방정식을 읽는 방법조차 모르기 때문에 자신을 바보라고 단정해 버렸다. 어느 날 거의 포기한 심정으로 마지막 방법을 시도했다. 내가 어릴 때 즐겨하던 게임을 함께해보겠느냐고 제안했다. 아이는 기꺼이 동의했고, 게임이 시작되었다. 내가 이렇게 질문했다.

"숫자를 머릿속에 하나 생각해라. 숫자 하나를 떠올렸으면 거기에 2를 더해보렴. 그러니 몇이 되었니?"

"6이 되었어요."

나는 약간 놀란 표정을 지으며 되물었다.

"네가 머릿속에 떠올린 숫자는 혹시 4가 아니었니?"

그러자 아이는 꽤 놀란 표정을 지었다. 그리고 어떻게 자기가 머릿속에 떠올린 숫자를 맞추었는지 알고 싶어 했다.

이와 같은 게임을 몇 번 반복한 뒤 우리는 서로 역할을 바꾸었다. 아이는 내가 새롭게 제시한 방정식 문제(아이는 방정식 문제라고 전혀 생각하지 않는)를 전혀 어려워하지 않았다. 그러나 며칠 뒤 전통적인 방식(학교에서 사용하는 수학 교과서에 기초해서)으로 방정식을 설명하자 풀지 못했다. 아예 문제 풀기를 거부했다. 나는 이 일을 통해 능력은, 테스트라는 인공물로 측정할 수 있다고 믿는 사회가 만든 가공구조 혹은 환상에 불과하다는 생각에 이르렀다.

　나는 비고츠키 심리학을 만난 뒤, 마음을 일종의 고정된 실체로 간주하는 주류 심리학이 채용하는 진리라는 이름의 박제된 절대주의로부터 필사적으로 벗어나려 노력했다. 마음은 기껏해야 우리가 만들어낸 환상에 불과하다는, 진리의 다른 극단인 무리(無理)로 치닫는 무책임한 상대주의에 보기 좋게 빠지고 말았다. 그래서 능력, 장애, 마음은 모두 환상에 불과하다는 생각을 공고히 하는 쪽으로 달렸다. 이러한 편협함은 극단적인 사고(진리 혹은 무리) 말고 제3의 사고(일리)가 있다고 역설한 김영민의 '일리의 철학'과 만나면서 조금씩 무너지기 시작했다.

> 우리가 사는 삶의 현실은 하나의 단답을 향해서 일사불란하게 정렬된 모습을 취하고 있는 것도 아니지만, 부조리 일색으로 점철되었거나 이치 없는 잡음들로 왱왱거리는 불협화음도 아니다. 왕눈 하나만 달린 진리(眞理)나 몸 전체에 눈만 붙어 있는 듯한 무리(無理), 이 둘 다를 우리 삶의 현실과는 거리가 먼 것으로 보고, 일리(一理) 개념을 통해서 이해와 삶의 실제 경로를 타진하려는 내 생각은 여기에서도 똑같이 적용된다(김영민(1996),《컨텍스트로, 패턴으로》, 문학과지성사, 184쪽).

　진리와 무리의 문제점을 지적하고 일리의 필요성을 역설하는 이 글을 처음 접했을 때 그 의미를 파악하는 데 무척 애를 먹었다. 무엇보다 반복해서 등장하는 '학문을 왜 하는가'에 대한 근원적인 물음(우리 삶이 진리로 설명되지 않고 그렇다고 무리로도 설명 불가능하다는)이 '일리란 무엇인가'를 제대로 알고 싶은 배움의 욕망을 기동시켰다. 우리 삶이 그렇게 단순하지 않고 징그러울 정도로 복잡하다는, 알고 보면 너무나 소박하지만 결코 간과해서는 안 되는 사실을 점차 깨달았다. 그리고 복잡다단한 구체적 일상을 살아내는 장본인이면서 이것을 무시하고 쉽게 '앎의 게임'에 탐닉하는 나 자신을 뒤늦게 발견했다.

복잡다단한 현실을 제대로 기술할 수 있는 '일리'라는 녀석의 정체를 제대로 알기 위해 고군분투하던 중 나는 우치다 타츠루를 경유해서 레비나스 철학을 조금 맛보게 되었다. 비고츠키 심리학에 기초해서 보면 마음, 장애, 화폐, 모성애, 국가 등은 "디자인된 현실"에 기반을 두고 있는 기한한정, 지역한정의 진리, 곧 환상에 불과하다. 그런데 우리 같은 장삼이사가 이 사실을 자각하는 경우는 절망적일 정도로 드물다. 일상인은 마음, 장애, 화폐, 모성애, 국가 등을 마치 이전부터 있었고, 지금도 있고, 앞으로도 있을 영원불멸의 실체로 간주한다. 이런 무자각·비자각 상태에 관해 우치다 타츠루는 레비나스의 말을 인용하면서 다음과 같이 말한다.

이때 지각은 자유롭고 능동적인 입장에서 대상(예컨대 장애 혹은 마음)을

'보고 있다' 생각한다. 사실은 '보여지고 있다'는 것을 알아차리지 못한다. 내가 어떤 대상을 주시할 때, 그 대상을 '그림'으로써 나의 눈앞에 전경화시켜주는 '땅'의 부분-비주제적 지평-은 우선 나의 시야에 들어오지 않는다. 우리 지각이 신경 쓰지 않다 보니 생길 수박에 없는 무능의 양태를 레비나스는 '무대'와 '연출'이라는 탁월한 비유로 보여준다(內田樹(2011),《レヴィナスと愛の現象学》,文藝春秋, p. 125).

우치다 타츠루와 레비나스의 말을 직접 듣기 전에 "땅"과 "그림"의 메타포에 관해 생각해 보자.

만약 모든 사람이 페가수스처럼 등에 날개를 단 사회가 있다면 어떨까? 아마 그 사회에 계단은 없을 것이다. 파닥파닥 날갯짓만 하면 원하는 층으로 갈 수 있다. 귀찮게 계단을 하나하나 걸어 올라갈 필요가 없다. 창문을 크게 만들어 열어두면 되고, 날개를 펼친 인간이 지나다닐 만한 구멍을 천장에 뚫어두면 된다.

이런 사회에 지금의 여러분이 내던져졌다고 생각해 보자. 물론 여러분 등에 날개는 없다. 나도 없다. 날개 없는 우리가 그 사회에서 살기는 힘들 것이다. 이동 수단이 없으니 새 인간에게 도움받지 않는 한 가고 싶은 층으로 이동할 수 없다. 지금 사회에서는 계단을 아무 문제 없이 오르내릴 수 있는, 이른바 비장애인이라 하더라도 새 인간의 사회로 이동하는 순간 장애인이 된다.

여기서 우선 내 시야에 들어오지 않는 "비주제적 지평(우리 의식에 떠오르지 않는 지평)"은 계단이 없고 에스컬레이터가 없는 새 인간 사회의 모습일 것이다. 그런 사회의 모습이 날개 없이 두 발로 걸어 다니고 계단을 오르내리는 사람(우리 사회에서는 정상인)을 장애인(그림)으로 우리 눈앞에 전경화시켜주는 "땅의 부분"이다.

이어서 레비나스의 생각에 귀 기울여보자.

> 나는 곧잘 이런 식으로 도식화합니다. 대상으로부터 연출(mise en scène)로 이행하지 않으면 안 됩니다. 대상에만 관심을 기울일 것이 아니라 대상을 대상으로 있게 하는 모든 것들에 관심을 기울여야 합니다. 현상학이라는 렌즈를 통해 대상성을 명시하는 것은 연출가의 일과 같습니다. 연출가는 각본을 구체적인 사건으로 이동시킵니다. 어떤 사건이 최종적으로 무대 위에 출현하고 눈에 보이도록 하기 위해서는 무대에 갖가지 장치를 하지 않으면 안 됩니다(内田樹(2011),《レヴィナスと愛の現象学》, 文藝春秋, p. 76).

이러한 레비나스의 탁견에 대해 우치다 타츠루는 이렇게 말한다. "소박한 실재론자는 정신없이 무대를 보는 관객과 비슷하다. 소박한 실재론자는 무대 위에서 전개되는 드라마에 몰입되어 있어서, 어떠한 연출적 기교의 효과로 그와 같이 '보이게 되는지'를 의식하지 못한다. 아니 그것을 의식하기는커녕 한술 더 떠서 스스로 '몰입하기'를 바란다." 이런 소박한 실재론자는, 예컨대 휠체어를 타고 다니는 사람이 우리 눈에 장애인으로 비춰지는 것은 그 대상(휠체어를 타고 있는 사람)의 속성이 아니라 두 발로 걸어 다니는 사람을 정상으로 전경화시켜주는 도로, 계단, 건물의 구조 등과 같은 "땅의 부분(비주제적 지평)" 덕분임을 전혀 알지 못한다. 나는 이런 소박한 실재론자를 김영민의 용어를 빌려 "진리론자"로 부르고자 한다.

한편 회의론자는 무대장치가 현실 그 자체가 아니라 만들어진 것이며, 무대에 등장하는 사람 또한 대본대로 연기하는 연기자에 불과하다는 사실을 누구보다 잘 알고 있다. 생방송으로 월드컵 결승전을 봐서 결과를 알고 있지만 심심해서 녹화 중계를 다시 보는 시청자와 비슷하다. 연극으로 치면 김빠진 관객이다. 무대는 진짜 현실이 아니라 소도구와 조명 등으로 꾸며진 공간에 불과하며, 배우는 무대를 내려오면 그냥 보통 사람이라는 사실을 회의론자는 잘 알고 있다.

여기서 비만이라는 대상을 "그림"으로 우리 눈앞에 보여주는 땅 혹은 지평에 관해 생각해 보자. 2021년 현재를 살아가는 우리에게 비만은 매우 가시적인 대상이다. 하지만 역사를 초월해서 모두에게 똑같이 보이는 것은 아니다. 어떤 시대 어떤 문화에서 뚱뚱함은 지금과 달리 부의 상징이었고 동경의 대상이었다. 오늘날 우리가 생각하는 비만 개념 자체가 없었다. 그러나 지금 우리는 비만을 실체로 다루고 행위 대상으로 여긴다. 비만은 우리의 활동 기준이고 관심 대상이다. 비만 퇴치 전문 기관 같은 시장까지 생겼다. 이는 비만을 질병으로 전경화시켜주는, 체지방을 측정하는 기구, 각종 성인병에 관한 의학 데이터, 날씬한 탤런트가 만들어내는 미의 가치관, 표준체중 같은 기준이 있는 사회(비주제적 지평)에서 비로소 실체로 느껴진다.

그렇다면 비네(A. Binnet) 등이 제창하고 웩슬러(D. Wechsler) 등이 정교화한 지능지수나 우리가 흔히 말하는 학력은 어떨까? 한국 사회에 지능지수와 학력의 향상을 위해 엄청난 노력을 기울이는 사람들과 시장이 생겨나고 이것들이 사람을 판단하는 가치 기준으로 자리 잡았지만, 형태가 있는 것은 아니다. 지능지수와 학력이 마치 실체처럼 사람들의 행위 대상(그림)이 되기 위해서는 학교, 학원, 표준 테스트, 커리큘럼, 통계, 데이터베이스 등 다양한 비주제적 지평이 필요하다.

내가 한때 그랬듯이, 회의론자는 이러한 비주제적 지평의 차원을 반드시 시야에 넣고 세계를 바라본다. 따라서 비만, 지능, 학력 따위는 환상에 불과하다고 치부한다. 이런 회의론자를 나는 김영민의 용어를 빌려 "무리론자"로 부르고자 한다.

한편 현상학자는 연출가다. 연출가는 김빠진 눈길로 배우의 연기, 조명, 음향, 무대장치를 점검한다. 그것이 꾸밈이며 가상에 지나지 않는다는 사실을 숙지하고 있다. 하지만 무대를 분석해서 보는 일에 너무 몰입하면 관객이 정말로 보는 것을 놓칠 가능성이 있다. 무대 위에는 비판적 눈길로는 볼 수 없는, 마음을 빼앗긴 관객만이 환시(幻視)하는 극적 세계가 있다. 그러므로 뛰어난 연출가는 깨어 있음과 동시에 몰입이 필요하다. 현상학자의 일은 이것과 유사하다. 나는 이런 현상학자를 김영민의 용어를 빌려 "일리론자"로 부르고자 한다.

김영민은 일리론자의 일을 다음과 같이 표현한다.

> 경색된 역사의 질곡(소박실재론자)으로부터의 탈출이 곧장 방황(회의론자)으로 이어질 필요는 없다. 박제의 진리에 대한 염오가 곧장 무리의 카니발로 이어질 필요도 없다. 본질주의의 구심력을 벗어난다고 해서 곧장 변수의 파편들만이 난무하는 미친 상상으로 질주할 필요도 없다. 외눈박이 괴물이 싫다고 해서 눈만 달린 천안귀(千眼鬼)를 좋아할 필요도 없다(김영민(1999),《진리 일리 무리》, 철학과현실사, 75쪽).

모성애로 진리, 일리, 무리라는 세 가지 지평을 설명해 보자. 진리론자는 모성애에 어떻게 접근할까? 진리론자는 여성이 아기를 낳으면 몸에서 젖이 샘솟고 마음에서 모성애가 샘솟는다고 믿는다. 반면 무리론자는 근대의 가부장 제도에서 여성을 가정에 속박시키기 위해 발명된 일종의 환상에 불과하다고 생각할 것이다. 그렇다면 일리론자는 어떨까? 내가 생각하는 최고의 연출가이면서 일리론자인 우치다 타츠루는 다음과 같이 말한다.

페미니즘은 모성애를 '환상'이라고 혹독하게 비판해 왔지요. 그런 것은 가부장제의 이데올로기라고요. 모성애는 내재하는 것이 아니라 일종의 역할 연기라고요. 맞는 말입니다. 그런데 '픽션이어서 안 된다'가 아니라, 오히려 '픽션이어서 좋다'고는 왜 말하지 않을까요? 픽션이므로 누구라도 할 수 있어요. 내면에 있는 것이라면 없는 사람과 있는 사람의 차이가 생기지만, 연기니까 누구라도 할 수 있어요. 모두에게 열려 있어요(内田樹 (2005),《14歳の子を持つ親たちへ》, 新潮社, p. 201).

우치다 타츠루는 진리론자와 달리 모성애는 단지 환상 혹은 픽션에 불과하다고 쿨하게 인정한다. 그렇다고 해서 내치는 것이 아니라, 오히려 픽션이기 때문에 모두에게 열려 있다고 말한다. 우치다 타츠루는 연출가로서 다음과 같이 덧붙인다. "자신의 내면에 모성이 있다고 생각하는 건 틀렸고, 밖에서 가져다가 연기하는 거예요. '아무리 해도 아이가 예쁘다는 느낌이 들지 않는다'고 말하는 여성들이 있는데 당연하지 않나요? 해보면 알잖아요. 어떤 여성을 딱히 좋아하지 않더라도 '사랑해'라고 계속 말하다 보면 여성 쪽에서도 그런 것 같고, 말을 하는 사람도 그렇게 되잖아요. 상대가 기분이 좋아져서 잘해주니까 관계가 좋아지고요." 연출가는 모성애가 일종의 환상 혹은 픽션이라는 사실을 숙지하고 있다. 그런데 모성애를 분석적으로 보는 일에 너무 몰입하면, 마음을 빼앗긴 관객(아이의 모습에 마음을 빼앗긴 부모)만이 환시하는 극적 세계(아이를 너무 사랑한 나머지 자연스럽게 생겨난 모성애)를 놓칠 가능성이 있다.

"가상의 세계는 유일한 세계다. 진실한 세계란 날조된 것에 불과하다."

"가상의 세계와 날조된 세계, 이것이야말로 대립하는 이항이다. 후자는 지금까지 진실한 세계, 진리, 신 등으로 불려왔다. 우리는 이러한 생각을 버리지 않으면 안 된다."

오랫동안 니체의 이 말이 무슨 뜻인지 참으로 이해하기 힘들었다. 그런데 진리, 일리, 무리를 나누어서 생각하는 지평을 얻고 나니 이 말이 절실히 다가온다. 자신이 사는 세계가 가상의 세계 혹은 환상의 세계라는 사실을 인정한 상태에서 뭔가 '선한 일'을 찾아서 할 수 있는 사람을 나는 '어른'이라고 부른다.

자립은
명사가 아니라 동사다

기묘하게 들릴지 모르겠지만, 자립의 기초는 자립이라는 개별적인 사실을 선언하는 것이 아니라 의존이라는 포괄적인 관계를 의식하는 것이다. 내가 이 세상에 존재함으로써 어떤 일을 할 수 있는지, 나는 다른 사람이 감수하지 않는 위험을 받아들일 용의가 있는지, 나는 다른 사람으로 대체하기 어려운 '좋은 일'을 이 세상에 가져올 수 있는지를 자신에게 묻는 습관이 없는 것이다. 살아 있는 한 우리는 무수한 것에 의존하고, 동시에 무수한 것에 의존받고 있다. 그 얽히고설킴의 양상을 적절하게 의식할 수 있는 사람을 우리는 '자립한 사람'이라고 부른다(内田樹(2003),《映画は死ん

だ》, いなほ書房, pp. 21~22).

"도와주세요"라고 말할 수 있을 때 사람은 비로소 자립한다(安冨步 (2012),《生きる技法》. 青灯社, p. 12).

이 두 가지가 세상에 나온 자립에 관한 정의 가운데 가장 탁월해 보인다. 통찰력 풍부한 글들을 읽으며 다음과 같은 이야기가 떠올랐다. 일본의 한 기업에서 의수(義手) 만드는 일을 하는 친구에게 들은 이야기인데, 자립과 의존관계를 이해할 수 있는 최고의 메타포가 아닌가 싶다.

최근의 의수는 기술 진보에 힘입어 아주 성능이 좋다. 그런데도 의수를 만들 때 '쥐는 힘의 조절'은 여전히 어렵다. 친구 말에 따르면, "의수로 쥔 컵에 수도꼭지에서 나오는 물을 담는 일"이 특히 어렵다. 빈 컵에 물이 들어오면 점점 무거워진다. 거기에 맞춰 악력을 높이지 않으면 컵은 떨어진다. 그런데 악력을 너무 올리면 컵이 깨진다. 이 이야기를 듣다 보니, 사람과 사람 사이의 의존관계는 의수와 컵의 관계와 비슷하다는 생각이 불현듯 들었다. 여기서 의수는 지지대 혹은 버팀목, 컵은 나, 물은 자립의 비유로 딱 들어맞는다. 자, 그러면 이 메타포를 이용해서 위의 자립 개념을 확장해 보자.

사람들은 "자립", "자립" 쉽게 말한다. 하지만 자립은 단지 타인으로부터 독립해서 생계를 꾸리거나, 혼자서 빨래하고 요리하고 청소하는 것과 다르다. 정해진 수입이 있어서 집세를 내는 것은 자립의 필요조건이지만 충분조건은 아니다. 자립은 명사가 아니라 동사다. 바꾸어 말하면, 자립은 관계 속에 몸과 마음을 두는 방법을 아는 것이다.

우리는 뭔가에 의존하지 않으면 살아갈 수 없다. 이것은 '사실'이다. 동시에 우리는 자기책임으로 뭔가 결정을 내려야 한다. 이것은 '이념'이다. 그러고 보면 사실과 이념은 모순이다. 이 모순되는 요청을 잘 절충하지 않으면 우리는 살아갈 수 없다. 어른은 모순된 요청에 동시에 대답하고, 모순된 요청으로 인한 분열을 일상태로 삼는 존재자다. 자립은 홀로 서면서도 의존하는 양상에 대해 끊임없이 반성하는 태도를 가리킨다. 이런 사태를 다음과 같은 구어체로 바꾸어 말하면 이해가 쉽다. "자립, 자립이라고 목소리 높여 말한들 인간 혼자서는 살아갈 수 없거든."

그러므로 자립한 사람은 "아, 이 사람은 자립하고 있구나. 정말 훌륭하다. 대단하다"와 같은 주위 사람들의 승인과 경의를 버팀목 삼아서 서 있는 존재이지, 혼자서 공중에 붕 떠 있는 존재가 아니다. 쉽게 말하면 자립한 사람은 다른 사람들로부터 늘 뭔가를 부탁받고, 조언자로서 해야 할 역할을 의뢰받고, 의논할 일이 생겼을 때 찾아갈 수 있다.

그런데 이것은 말만큼 쉽지 않다. 홀로 견고한 지반 위에 발을 고정하고 서 있는 사람은 매달리는 사람들이 점점 많아져 결국에는 균형을 잃고 넘어질 수 있다. 그러므로 엄밀한 의미에서 자립하는 사람은 나를 버팀목 삼아 의존하는 사람들을 지지대로 이용하지 않으면 안 된다. 그런 균형 감각을 유지하면 아무리 많은 사람이 자신에게 의존하고 의지해도 적당히 힘을 안배해서 서 있을 수 있다. 이렇게 바꾸어 말할 수 있다. 버팀목이 되는 사람에게 오로지 의지해 서는 것이 비자립자고, 버팀목을 요구하는 사람을 이용해서 서는 것이 자립자다.

물론 둘 다 자신 이외의 것을 버팀목으로 삼고 있다는 점에서 차이가 없다. 차이가 있다면 의식뿐이다. 한쪽(비자립자)은 어딘가에 견고한 기반이 있음이 분명하다고 믿고 그것을 필사즉으로 찾으면서 타자와 관계를 맺는다. 다른 한쪽(자립자)은 어디에도 견고한 기반 같은 것은 없다는 사실을 알고 늘 타자와의 관계 속에서 균형을 유지한다. 둘은 의식의 조준 방식에서 차이가 난다. 그러므로 자립한 사람은 견고한 기반과 같은 실체(명사) 위에 서 있는 사람을 의미하지 않는다. 관계하는 네트워크에 자신이 있어야 할 장소를 찾아낼 수 있는 사람을 가리킨다.

조금만 생각해 보면 알 수 있는데, 사람은 누구나 네트워크상에 있다. 어떤 의미에서 만인이 만인에게 의존하고 있다는 뜻이다. 만원 지하철에서 '나는 이 장소에서 꼼짝하지 않겠어'를 자립으로 생각하는 아재는 다른 사람들에게 폐만 끼칠 뿐이다. 그 아재는 자신의 공간적 위치를 차량이라는 정지한 좌표계에 두고 움직이지 않는다. 그런데도 자신을 자립자라고 믿는다. 진짜 좌표계는 지하철 차량을 가득 채운 유동하는 승객들 간의 동적인 역학적 균형 속에 있는데 말이다. 시스템 안에서 살아가는 옳은 방법은 움직이는 좌표계에 기초해서 자신의 위치를 결정하는 것이다.

이런 사태는 부모와 자식 관계를 생각해 보면 쉽게 알 수 있다. 아이의 버팀목이 된다는 것은 '부모가 고정된 채로 있으면서 움직이지 않는다'는 뜻이 아니다. 아이가 얼마만큼 자신에게 의존하고 있는지 그 정도를 가늠하고 미세 조정하는 것이다. 그렇게 하지 않으면 아이의 성장에 대응할 수 없다. 즉, 아이의 성장에 맞추어서 악력을 조정하는 것이 필요하다. 너무 꽉 쥐고 있으면 아이는 손안에서 깨져버리고, 악력을 너무 줄이면 바닥에 떨어져 깨져버린다. 그런데 많은 부모가 명사적 사고에 묶여 있어서 그런지, 관계 속에서 균형 감각을 유지하는 것의 중요성을 잘 자각하지 못한다. 오히려 아이에 대한 부모의 수미일관한 태도를 중요하게 생각한다. 그런데 나는 같은 원칙을 고수하는 이러한 태도를 육아와 교육에서 유해하다고 생각한다.

아이에 대한 수미일관한 태도는 아무리 물이 들어와도 똑같은 강도로 컵을 쥐고 있는 것과 같다. 그러면 다음과 같은 웃지 못할 일이 벌어질 수 있다. 아이가 어려서 보호를 원할 때는 방임하고, 자라서 독립을 원할 때는 간섭한다. 많은 부모가 과방임 아니면 과간섭의 늪에 빠진다. 어떠한 종류의 버팀목이 있어야 하는지를 고려하지 않고 늘 똑같은 종류의 애정으로 아이와 만나려고 하기 때문이다. 부모가 아이의 버팀목으로 기능하려면, 부모 또한 아이와 함께 성장하고 계속 변화하지 않으면 안 된다. 애정과 지원의 질과 형태도 그때그때 바뀌지 않으면 안 된다. 하지만 그 미묘한 관계 속에서 취하는 균형 감각의 중요성을 자각하는 부모는 정말로 소수다.

그러므로 내 주위에서 나의 버팀목이 되어줄 자립자는 다음과 같다. 버팀목이 된다는 것은 한 장소에 쭉 머물거나 안정된 기반을 만드는 것이 아니다. 당신과 함께 똑같은 빠르기로 변화하는 것이다. 당신이 필요로 할 때 쿨하게 균형 잡힌 감각에 기초해서 손을 내밀 수 있는 사람이 자립자다.

상식에 대해
상식적으로 생각하기

공자에게 섭공이 물었다. "우리 마을에 정직한 자가 있으니 그의 아비가 양을 훔치자 이를 고발했습니다. 참으로 정직하지 않습니까?"

"너희 마을의 정직한 자는 그러냐? 우리 마을의 정직한 자는 다르다. 아비는 훔친 자를 숨겨주고 아들은 훔친 아비를 숨겨준다. 이게 우리 마을의 정직한 자다."

이때 공자가 해석학적으로 선택하고 있는 정직함의 뜻은 묻는 자, 답하는 자, 우리 마을과 너희 마을, 이때와 저때의 맥락에 열려 있다.

이런 맥락성을 통해 공자는 저 삼엄한 개념의 근본주의나 유가 윤리의 엄숙주의에서 빠져나올 뿐만 아니라 공자학 자체로부터 빠져나온다. 마치 마르크스가 "나는 마르크스주의자가 아니다"라고 선언했던 것처럼.

플라톤의 대화편 《에우튀프론》에는 일꾼을 죽인 아비를 고발하러 가는 에우튀프론과 소크라테스의 대화가 나온다. 소피스트 에우튀프론의 논리는 선명하다. 살인을 저지른 부친의 범죄를 정의의 이름으로 고발하는 것이 신에 대한 경건의 의무다. 소크라테스가 묻는다.

"경건이라니 무슨 뜻인가?"

에우튀프론은 주저 없이 답한다.

"경건이란 바로 내가 지금 실행하려는 행동, 즉 살인이나 신성모독 등을 범한 자는 그가 아비든 어미든 고소하는 것이고, 불경은 그 반대다."

그러자 소크라테스는 부자라는 잘못 설정된 특수 관계에 신의 존재를 끌어들임으로써 오히려 불경을 저지르고 있다고 설득한다.

여기서 소크라테스가 보여주는 철학적 견해는 확실히 우리가 소크라테스주의나 플라톤주의로 이해하는 보편적 절대주의(진리의 도덕관)와 모순된다. 소크라테스는 이러한 견해를 보편주의라서 선택한 것이 아니라, 대부분 인간의 정신적 질병 상태를 치유하는 데 탁월한 효과가 있어서 선택했을 뿐이다. 말하자면 오늘날 철학사 책에 매끈하게 표로 정리된 소크라테스주의(사범대학이나 교육대학에서 교육철학이나 교육사의 교과서로 채용하는 모든 책에 잘 나와 있다)는 사회적 병소의 치유나 문제 상황을 해결하기 위해서 언제든 벗어던질 수 있는 외투에 지나지 않는다.

공자와 섭공의 대화, 그리고 소크라테스와 에우튀프론의 대화에서 볼 수 있듯이 윤리(ethics)는 한마디로 상식(common sense)이다. 상식은 실증적인 것처럼 보이지만 실은 실체가 없다(명사가 아니다). "그건 상식이잖아요"라고 말하는 사람에게 "너는 왜 그걸 상식이라고 단언해? 근거를 대봐"라고 물으면 입을 다물거나 "음, 그건 사사사상식이니까"라고 대답할 수밖에 없다. "그건 상식이니까"와 같은 동어반복 이외에 대답할 방법을 모른다는 점에 상식의 탁월함이 있다.

상식은 절대로 원리가 될 수 없다. 말을 바꾸면 '상식주의'는 있을 수 없다. 보편적 상식, 원리적 상식, 광신적 상식, 시적 상식 같은 표현은 전부 형용모순이다. 상식은 그 정의부터 지역한정, 기한한정이라서 통상 산문적이고 동어반복적인 어법으로 말할 수밖에 없다.

한때 오른손을 의미하는 단어로 바른손을 사용한 적이 있음을 떠올려 보면 지역한정, 기한한정을 이해하기 쉽다. 왼손으로 밥을 먹거나 글을 쓰는 것에 대한 근거 없는 핍박으로 많은 왼손잡이가 수난을 겪었다. 하지만 이제 '오른손=바른손'이라는 상식은 유효 기간이 지나서 폐기 처분되었다.

"인간은 생각하는 갈대다"라는 명언을 남긴 파스칼이 살았던 시대에 수는 사물의 개수, 길이, 면적 등 이른바 양을 나타내는 것이 상식이었다. 그래서 '2-4=-2'라는 수식은 파스칼에게 무의미했다(지금은 상식으로 자리 잡아 초등학생도 쉽게 사용하는 등호(=)도 당시 일반적이지 않았다. 당연히 파스칼이 이러한 식을 쓰는 일은 애당초 없었을 것이다). 파스칼에게 이 수식은 사과 2개에서 사과 4개를 빼려면 도중에 사과가 없어지는 것과 같다. 그래서 《팡세》에서 "2에서 4를 빼면 0이 되는 것을 모르는 수학자가 있다는 것이 놀랍다"고 한탄한다. 여러분도 잘 알고 있듯이, 파스칼이 살았던 시대의 상식은 당연히 지금의 상식이 아니다.

장난감을 사달라고 조르는 아이가 "내 친구들은 전부 갖고 있는데……" 같은 카드를 꺼낼 때가 있다. "네가 지금 전부라고 말하는데 그 전부가 누구를 가리키는 거야?"라고 물으면, "그니까 옆집의 준영이……음, 그니까 준영이……아니, 그래서 준영이……"를 반복한다. 이 어법을 떠올려 보면 상식을 말할 때의 느낌이 오지 않을까 싶다. "당신이 말하는 것 어디가 상식인가? 백 년 전에도 그랬는가? 백 년 후에도 그럴까? 크로아티아의 자그레브에서도 상식인가? 피그미족에게도 그러한가?"라는 질문을 받으면, 곧바로 말문이 막힐 것이다. 이것이 상식을 상식이게 하는 근거다. 그러므로 누구든지 상식의 범통성(汎通性)과 보편성을 반증할 수 있다.

그렇다고 해서 '그래서 상식은 안 된다'는 생각은 단견이다. 상식의 범통성과 보편성이야말로 상식이 윤리를 기초 지을 수 있는 특권적인 조건이다. 상식을 상식으로 공유할 수 있는 집단 외에는 상식에 어떠한 외부적·상위적인 근거를 댈 수 없다. 이 명백한 한정성이야말로 상식이 윤리가 될 수 있는 이유다.

윤리는 원리의 대극에 있는 개념이다. '윤(倫)'은 어원상 공동체를 뜻한다. 유럽 언어 ethics, ethique, Ethik는 모두 관습을 의미하는 라틴어를 어원으로 삼는다. 공동체, 관습 모두 정의상 지역한정, 기한한정이다. 거기서만 통용되는 언어, 거기서만 사용할 수 있는 통화, 거기서만 이루어지는 제의(祭儀), 거기서만 두려움의 대상이 되는 귀신 등은 구성원들 사이에서만 공유될 뿐 그 이외에는 공유 대상이 되지 않는다. 즉 윤리는 '어떤 공동체가 갖는 고유한 규칙을 다른 공동체에 범통적으로 적용할 수 없다'는 한정성을 지닌다. 나에게 당연한 것이 당신에게도 당연한 것은 아니다, 이것이 윤리의 윤리성을 구축한다.

단, 이 언명만으로는 밑 빠진 독에 물 붓기와 같은 무규범 상태(이반 카라마조프적인 도덕적 아나키즘)밖에 도달할 길이 없다. 또 하나의 조건을 써넣을 필요가 있다. '모든 집단이 각각 당연함을 갖는 것은 당연하다.' 이것으로 당연함의 차수가 하나 올라간다. 상식의 탁월성은 어떤 사회집단도 그 상식을 다른 집단과 공유할 수 없지만, 상식을 갖지 않는 사회집단은 존재하지 않는다는 상식을 어떤 사회집단과도 공유할 수 있다는 것에 있다.

카를 포퍼(Karl Popper)는 과학성을 반증 가능성에서 찾았다. 정말 탁견이다. 이 논법을 빌려와서 말하면, 상식의 본의는 '맥락과 상황과 상대가 바뀌면 비상식이 될 수 있다'는 자기부정의 조건을 처음부터 품고 있다.

윤리도 상식과 똑같이 말할 수 있다. 어떤 집단의 성원들이 믿는 윤리 코드가 있다. 그 코드의 윤리성을 담보하는 것은, 그 코드가 '모든 사회집단에서 범통적으로 타당한 것'이 아니라 모든 사회집단에 타당할 수 없다'는 피(被)한정성의 자각이다. 똑같은 윤리 코드를 공유하는 인간들 사이에서는 공유 코드에 비추어 옳고 그름을 논하는 것이 윤리적인 행위다. "그런 일 해서는 안 되잖아. 왜냐하면 그건 규칙이잖아"라고 질책당하면, "앗, 미안합니다. 앞으로는 하지 않겠습니다"라고 사과하는 것이 윤리적 대화의 첫 번째 기본형이다.

반대로 윤리 코드를 공유하지 않는 사람을 상대할 때는 상대방의 옳고 그름을 논하지 않는 것이 윤리적인 행위가 된다. 과거 유럽의 제국주의 국가는 아시아, 아프리카를 침략해서 자신들이 숭고하다고 믿는 종교를 강요하고 토착 종교를 파괴했다. 그들이 이성적이라고 믿는 정치체제를 강요하고 토착 사회제도를 파괴했으며, 쾌적하다고 믿는 라이프스타일을 강요하고 토착 라이프스타일을 없애버렸다. 이것은 윤리적인 행위라고 말할 수 없다. 상식과 상식이 배타적으로 경합하는 장면에서는 내 상식의 범통성을 과대평가하지 않는 절도가 윤리적이라고 평가받는다.

"당신들은 참으로 희한한 음식을 먹는군요. 뭔가요, 이 썩은 콩은? 이게 과연 사람이 먹는 음식인가요?"

"우리는 매일 아침 낫또를 먹어요. 그걸 먹지 않으면 아무것도 먹지 않은 느낌이 들어서요."

"아, 그런가요? 그럼 많이 드세요."

이것이 윤리적 대화의 두 번째 기본형이다. 윤리는 본질적으로 이중잣대(double standard)다. 공동체에 대해서는 강제적으로, 타자에 대해서는 유화적으로 기능하는 숙명적인 애매함이 윤리의 처지다. 이처럼 윤리는 본질적으로 비(非)원리적, 반(反)원리적이다. 그 절도의 감각이 윤리의 생명선이다.

그러므로 종교든 정치사상이든 사회이론이든 '모든 인간은 애당초 ~해야 한다(한 명의 아이도 배움으로부터 소외시키지 않겠다)' 같은 언명을 나는 원리주의, 즉 절도를 모르는 생각, 비윤리적인 사고로 구분한다. 이런 사고는 이론 혹은 사고방식이 유효한지 아닌지, 논리적으로 정합한지 아닌지와 같은 판정에 관여하지 않는다. 단지 '윤리적이지 않다' 혹은 '상식에 역행한다'만 있을 뿐이다. 옳지만(이 세상 모든 아이가 행복했으면 좋겠다) 윤리적이지 않은 것, 정합적이지만(내 눈에는 이렇게 보이고 당신 눈에는 그렇게 보이니 객관적 진실은 없는 것 아닌가요?) 상식적이지 않은 것은 실제로 존재한다. 어느 쪽에 축을 두고 옳고 그름을 판정할 것인가는 최종적으로는 한 명 한 명의 실존적인 결단에 맡길 수밖에 없다.

동사로 살기가
빠지기 쉬운 함정

"또 하나의 진실(alternative facts)"이라는 포스트모더니즘 냄새가 풀풀 나는 말을 처음 사용한 사람은 트럼프 대통령의 고문 켈리앤 콘웨이(Kellyanne Elizabeth Conway)였다. 그녀는 대통령 취임식에 모인 사람 수에 관해서 '과거 최고(미국 역대 대통령 취임식에 모인 사람 수 중 최고를 기록했다는 의미)'라고 태연히 거짓말을 내뱉었다. 기자들이 가짜뉴스라고 반박하자 콘웨이는 이렇게 말했다.

"당신들 눈에는 그렇게 보이는 모양이군요. 저는 당신들의 시각을 인정합니다. 그런데 제 눈에는 '과거 최고'로 보였거든요. 여러분도

제가 그랬던 것처럼 저의 시각을 인정해주기 바랍니다."

사람마다 정치적 입장, 종교, 계급, 성별, 이데올로기에 따라서 세계를 보는 방식이 다르다. 마르크스를 비롯해 페미니스트, 포스트모던 사상가까지 셀 수 없이 많은 사람이 사회적 속성이 다르면 세계를 보는 방식도 다르다는 점을 지적했다. 그런데 '자신이 보고 있는 것의 진정성을 회의하자'는 이 엄격한 지적 긴장의 요청은 반세기 정도 지난 뒤에 콘웨이와 같은 반지성주의자 무리를 만들어냈다. 반지성주의자들은 이런 식으로 추론한다.

① 인간이 수행하는 모든 인식은 계급, 성, 인종, 종교의 바이어스(bias)가 걸려 있다.

② 인간의 지각으로부터 독립해서 존재하는 객관적 실재는 존재하지 않는다.

③ 모든 생각은 자민족중심주의적 편견이므로 모든 세계관은 등가이다.

④ 만인은 객관적 실재 같은 것에 신경 쓰지 않고 각자 마음에 드는 자민족중심주의에 안주할 권리가 있다.

이렇게 해서 포스트모더니즘이 전적으로 부정한 자민족중심주의가 한 바퀴 돌아 전적으로 긍정되는 일이 일어났다. 자기 이론이 이런 말도 안 되는 해석을 불러일으킬 줄은 레비스트로스도 라캉도 데리다도 상상하지 못했을 것이다.

《진실 따위는 중요하지 않다(The Death of Truth)》를 쓴 미치코 가쿠타니(Michiko Kakutani)는 포스트모더니즘이 파괴한 대표적인 것으로 "언어에 대한 신뢰"를 꼽는다. 이 책에 따르면, 데리다 철학을 미국에 도입한 몇몇 포스트모더니스트는 텍스트를 "불안정하고 환원 불가능할 정도까지 복잡하며 독자와 관찰자에 따라서 점점 가변의 의미가 부여"되는 것으로 보고, 텍스트 해석에서 극단적인 상대주의를 선포했다. "무슨 말이든지 어떤 의미라도 가질 수 있는 것이다. 작자의 의도는 중요하지 않고 애당초 식별할 수 없다. 명백한 혹은 상식적인 해석 같은 건 없다. 왜냐하면 모든 것이 무한의 의미를 지니기 때문이다. 즉 '진실' 같은 것은 어디에도 존재하지 않는다."

이 세상에 객관적 사실은 존재하지 않는다. 그러므로 모든 세계 인식은 각각의 주관적 편견에 지나지 않는다는 주장은 원리적으로 맞다. 즉 '앎'으로서는 타당하다. 우리는 객관적 사실보다 주관적 바람을 우선시하는 경향이 있다. '세계가 이랬으면 좋겠다'는 욕망은 '세계는 이런 것이다'라는 인지를 늘 압도한다. 사회문화적 사이보그로 태어난 이상 어쩔 수 없다.

달팽이가 길을 가다가 거북이에게 강도를 당했다. 경찰이 출동해 달팽이에게 범인의 생김새를 묻자 "글쎄요, 워낙 순식간에 당한 일이라서……"라고 대답했다. 달팽이보다 거북이가 상대적으로 빠르다고 해서 거북이가 보는 세계가 세계의 전체 모습일 수 없듯이, 사람이 보는 세계가 세계의 전체 모습일 수 없다. 인간은 시속 1,660킬로미터로 자전하는 지구의 진동음을 듣지 못한다. 인간의 청각적 조건(주관적 편견)에 상응하는 진동들만 수렴된다. 이를테면 인간은 오직 인간적으로(주관적으로) 보고 들을 뿐이다. 또한 같은 인간이더라도 어떤 사회에서 어떤 도구를 사용하느냐에 따라 주관은 달라지게 마련이다. 프랑스의 유명 작가 스탕달은 왜 음수와 음수를 곱하면 양수가 되는지 이해하지 못했으며, 어떤 선생님도 그 이유를 자신에게 설명하지 못했다고 자서전에 썼다.

이처럼 우리가 객관적으로 실재하는 세계라고 믿는 세계는 주관적 가상(假象)이라는 가능성을 늘 품고 있다. 천동설이 지배적 우주관이었던 시대에 사람들은 지구를 중심으로 도는 우주를 구상했는데, 요즘 시각에서 보면 집단적 광기다. 지금은 빅뱅 이론에 기초한 팽창우주설이 지배적 학설이다. 그러나 팽창우주설이 수 세기 전에 나왔다면 십중팔구 광기로 지탄받았을 것이다.

그렇다고 해서 만인은 객관적 실재 같은 것 신경 쓰지 말고 자신의 마음에 드는 망상 속에서 평온을 즐길 권리가 있다고 할 수는 없다. 아무리 봐도 비상식이기 때문이다. 물론 '객관적 사실은 실체(명사)로서 존재하지 않는다'는 명제는 원리적으로 맞다. 즉, 한층 진화된 앎의 차원에서는 아무런 하자가 없다. 여기서 말하는 한층 진화된 앎의 차원은 명사적 사고에서 동사적 사고로의 진화를 뜻한다. 그런데 이

동사적 사고라는 앎이 폭주하면 비상식이 될 수 있음을 콘웨이의 사례에서 읽어낼 수 있어야 한다.

우치다 타츠루는 2019년 11월 한국 강연에서 "세상은 보는 사람의 주관에 따라 각각 다르게 보인다. …… 그래서 당신의 눈에 보이는 진실을 나에게 강요할 권리는 당신에게 없다" 같은 절도를 잃어버린 앎의 폭주에 대해 이렇게 말한다. "그것은 맞는 말이기는 한데 듣다 보니 닭살이 돋았다든지, 속이 쓰리다는 비판밖에 할 수 없죠. 이렇게 포스트모더니즘에 의해 진실이 사라진 상황에서 우리가 기댈 수 있는 곳은 그런 지극히 신체적인 반응밖에 없습니다."

또한 김영민은 앎의 한계성을 극복하는 것은 "다른 앎이 아니라 앎과 삶, 그리고 명분과 실질이 서로 맞물린 경계 지역에서 얻어지는 일종의 성숙의 체감"이라고 말한다.

앎의 순수함에 쉽게 빠지는 이들이 특별히 주목해야 할 점은 권력이 지식의 형태를 띤 채 유통됨으로써 훨씬 은밀하고 당연한 듯이 행사되며, 결국 가장 사밀(私密)한 자기반성마저도 실제로는 주변 권력의 통제망을 벗어나지 못한다는 사실이다.

이문열의 소설 《우리들의 일그러진 영웅》에서는 앎과 힘이 얽혀 서로를 타락시키는 모습이 소박하게나마 그려져 있다. 시골 국민학교의 반장인 엄석대는 그 조그마한 명분과 위치를 악용하여 제 뜻대로 반을 운영하면서 학우들 위에 군림하는 독재자가 된다. 담임선생의 무관심한 '앎'의 그늘 아래, 졸개가 된 부장들의 비호로 엄석대의 '힘'은 턱없이 부풀려져 있었고, 마침내 성적을 조작하거나 학우들의 물품을 갈취하는 지경에 이르게 된 것이다. 학급 내의 모든 '앎'은 엄석대의 '힘'을 위한 도구였고, 푸코의 지적처럼 '힘'은 그 힘을 정당화하는 또 다른 '앎'을 만들어내고 있다.

더구나 '앎'을 위해서 특별히 배정된 장소인 교실에서의 일이었으므로 '힘'의 오용은 더욱 상상하기 어려웠을 것이다. 서울에서 전학 온 한병태는 여러 번 반장의 힘에 반항해 보지만 번번이 실패한다. 그는 서울에서도 만만치 않았던 자신의 '앎'을 과시해서 사태를 역전시키려고 하지만, 이미 '힘'으로써 '앎'을 조작하고 '앎'으로써 '힘'을 더욱 증독시키는 구조의 우두머리인 엄석대를 이길 수는 없었다. 그러다가 결국 '앎'과 '힘'의 연결고리를 간파해 내고 그 고리를 단번에 끊어버린 새 담임선생의 적극적인 개입으로 엄석대의 왕국은 무너지고 만다.

앎이 힘과 함수 관계에 있다는 지적은 또 다른 앎이 아니다. 그것은 앎과 삶, 그리고 명분과 실질이 서로 맞물린 경계 지역에서 얻어지는 성숙의 체감이다(김영민·이왕주(1993), 《소설 속의 철학》, 문학과지성사, 108~109쪽).

구시대의 유물이라는 말이 있다. 새로운 비관이 보는 낡은 낙관이나 새로운 상대주의가 보는 낡은 절대주의는 구시대의 유물이다. 왜냐하면 하나의 사상이라고 불릴 만한 거대한 지적 콤플렉스를 진위라는 단순한 기준으로 재단할 수 없기 때문이다. 유물은 온고지신이라는 사상의 강을 이루는 지류다. 하류에 이르러 강폭이 넓어지며 물살이 거세지고 주변의 풍광이 일신되어 지류의 존재가 까마득히 잊히더라도 죽은 것은 아니다. 잘못되거나 틀린 것은 더더욱 아니다.

사상사의 흐름을 진위의 도식으로 구별 짓는 것은 대체로 미성숙이거나 만용이다. 이것이 가능한 까닭은 몸을 도외시한 채 머리만 챙긴 탓이요, 성숙을 도외시한 채 인식만 가꾼 탓이다. 사상사 속에 있는 것이라곤 성숙을 향한 길고 긴 배회와 긴장의 역정(歷程)뿐이다. 동사적 사고 또한 절대적 진리일 수 없다. 길고 긴 배회와 긴장의 역정에서 나온 산물이다.

따라서 동사적 사고란 인식의 층위에서 출현한 천재지변이 아니다. 오히려 삶 그리고 몸이 성숙하는 도정에서 나타나는 새로운 관심의 집적이며 새로운 지평에의 참여다. 각자의 삶과 깨침에 따라 다른 경지와 지평이 열린다. 명사적 사고란 명료한 인식(예컨대 동사적 사고)이 해결해야 할 문제가 아니라, 기약 없이 다가오는 성숙이 감당해야 할 실존의 한 층이다.

여행을 떠나서야 비로소 "우리의 생각과는 전혀 반대되는 생각을 가진 사람들"을 만난 데카르트는 그들 또한 각각 이성적으로 추론하고 있어서 "모두가 야만적이고 조야한 것은 아님"을 절실히 느꼈다. 그 경험에 기초해서 "명제가 참이라고 확정되지 않는 한 어떠한 것도 참이라고 인정하지 않는다"는 엄밀함은 양보하지 않은 채 매일의 삶에서 "가장 온건하고 극단적이지 않은 의견에 따라서 자신을 정립할 것"을 추천했다. 데카르트의 이 절도와 분별의 모습이야말로 성숙이 감당해야 할 실존의 한 층이다.

교양 재생 프로그램

약 6년 전쯤 내가 학회(學會)라는, 실질에서 떠난 유령 같은 말의 대표 격인 단체에 나가고 있었을 때, 발표 뒤 다음과 같은 질문들을 받았다(지금은 이런 곳에 전혀 나가지 않는다). 내 논문에서 언급하지 않은 질문들이었다.

"선생님은 ○○ 논문을 읽지 않으셨지요?"

"주지에 관한 언급이 없는 것은 왜 그렇습니까?"

질문을 하는 의도는 뻔하다. 이런 것도 모르는 사람은 말할 자격이 없다는 비아냥.

이런 '꼬투리 사냥꾼'을 볼 때마다 깊은 피로감을 느낀다. 왜냐하면 자신이 알고 있는 정보에는 높은 점수를 매기면서, 자신이 모르는 정보는 전혀 알 가치가 없다고 그토록 천진난만(?)하게 믿고 있는지 도무지 알 수 없기 때문이다.

우리는(당연히 나를 포함해서) 자신이 알고 있는 정보의 가치를 과대평가하면서, 동시에 자신이 모르는 정보의 가치를 과소평가하는 경향이 있다. 그래서 연구자가 가장 먼저 해야 할 일은 논문 검색이나 독서가 아니다. 자신이 근거로 하는 학술 정보의 가치를 적절하게 평가하는 것이다. 그런데 "당신은 이런 것도 모릅니까?"라며 화 내는 연구자는 '이런 것'이 논의의 시작점이 되지 않으면 안 되는 이유에 관해 전혀 설명할 책임을 못 느낀다. 반면, 지성의 기능에 반성하는 태도를 보이는 연구자는 먼저 다음과 같은 물음을 던질 것이다. '나는 왜 어떤 것은 알고 있고 다른 것은 모를까? 내가 뭔가를 알고 싶고 다른 뭔가는 알 가치가 없다고 생각하는 기준은 무엇일까? 그 기준에 일반성은 있을까? 만약 있다면 그 근거는 무엇일까?'

이러한 물음들은 '나의 지(知)는 지금까지 어떤 방식으로 성립해 왔나' 같은 한 차수 높은 물음으로 이끈다. 이런 지식을 나는 '지식에 관한 지식'이라고 부른다. 그러므로 배움과 별 인연이 없어 보이는 단체에서 발표할 때마다 그들에게 부족한 것은 지식이 아니라 자신이 알고 있는 것과 모르는 것을 일망조감하는 시점, 한마디로 지식에 관한 지식이라고 느꼈다.

여기서 말하는 지식에 관한 지식을 교양으로 바꾸어 말해도 좋다. 교양은 실체로서의 지식 혹은 정보가 아니다. 지식과 정보를 연결하고 관리하며 조작하는 방식을 가리킨다. 비유하면, 교양은 동서고금의 모든 지식을 망라한 거대한 도서관의 어느 동, 어느 층, 어느 서가에 자신의 지식과 정보가 어떤 책과 함께 놓여 있는지를 상상할 수 있는 능력이다. 자신의 책이 어디에 몇 권 꽂혀 있는지를 정확하게 파악할 수 있는 사람은 도서관의 모든 장서를 제대로 이용할 수 있는 능력을 잠재적으로 갖고 있다고 할 수 있다. 내가 앞으로 읽을 책은 아직 읽지 않은 책이다. 도서관 이용의 노하우는 단지 하나, 내가 아직 읽지 않은 책이 어디에 있는지, 어디에 도움이 되는지를 아는 것이다. 즉 교양은 자신이 무엇을 모르는가에 관해서 아는 것, 곧 자신의 무지에 관한 지식이다.

학자 행세하는 사람들에게 결정적으로 부족한 것은 바로 이 교양이다. 우리 시대에 왜 이렇게 교양이 부족한 사람들이 득세하게 되었을까? 이 현상을 이해하기 위해서는 프랑스 사회학자 피에르 부르디외(Pierre Bourdieu)가 주창한 문화자본을 살펴봐야 한다. 문화자본은 계층 차의 지표로서 계층 차를 확대 재생산한다. 교양, 지식, 기능, 취미의 질, 행위의 적절함, 인맥, 학력 등을 문화자본 목록에 넣을 수 있다.

문화자본에는 태어나 자라면서 자연스럽게 익힌 것(생득적인 문화자본)과 후천적인 노력으로 익힌 것(학습된 문화자본), 두 종류가 있다. 문화자본의 비밀, 즉 문화자본이 자본으로서 기능하는 원인은 '두 종류'라는 원사실 안에 있다. 무언가를 자연스럽게 익힌 사람과 누군가를 흉내 내면서 습득한 사람 사이에는 얼마 되지 않지만 결정적인 차이가 존재한다. 바로 그 안에 문화자본의 자본성이 있다.

부르디외의 탁월한 비유를 빌려서 말하자면 "혈통에 의한 문화귀족"은 자신이 본 영화에 나온 배우의 역할명을 기억하고, "학습된 문화귀족"은 자신이 본 적 없는 영화감독의 이름을 기억한다. 전자는 경험을 중요하게 여기고 후자는 지식을 우선시한다. 작품 그 자체에 빠져드는 것을 등한시하더라도 작품에 관해서 말하는 것을 우선시하고, 감각을 희생해서라도 훈련을 중요하게 여기는 것이 학습된 문화귀족의 특징이다.

예컨대 와인 맛에 관해서 평할 때 비슷한 차이를 엿볼 수 있다. 어떤 사람은 자신이 마신 와인에 관해서 말할 때 같이 먹은 요리의 맛, 같이 있던 사람과 나눈 이야기, 연주되었던 곡, 입고 있던 옷의 감촉에 관한 기억을 생생하게 떠올릴 수 있다. 반면에 어떤 사람은 그때 마셨던 와인이 몇 년산이었는지, 어디서 좀 더 저렴하게 구입할 수 있는지와 같은 지식을 말할 수 있다.

대상(예컨대 와인)에 대한 친함의 깊이와 음미하는 양상의 차이가 판정의 옳고 그름과 직결하는 것은 아니다. 바꾸어 말하면, 감각에 기초해서 자신의 경험을 말하는 사람이 학습을 통해서 획득한 지식을 말하는 사람보다 와인이나 음악, 영화에 관해서 늘 옳은 판정을 내리는 것은 아니다. 그러나 '지식'을 말하는 사람이 '경험'을 말하는 사람에게 주눅들어 하는 것은 사실이다. 자신의 감각과 판단에 뭔가 망설임을 느끼는 것, 그리고 자신이 있어서는 안 될 장소에 발을 들여놓았다는 느낌을 받는 것 같은, 어울리지 않는 느낌 안에 문화자본의 차이는 서식한다.

이처럼 문화자본은 실재하지 않는다. 즉 실체로서 존재하지 않는다. 그것은 화폐, 위신, 정보가 실재하지 않는 것과 같다. 화폐는 그것을 '화폐다'라고 믿는 사람이 존재할 때만 존재한다. 믿는 사람이 없으면 화폐는 종잇조각에 불과하다. 위신 또한 내재적 자질이 아니다. 두 명 이상 있고, 한 사람이 다른 한 사람에게 위압적인 태도를 보이는 것을 동의한 경우에만 출현한다. 아무리 혼자서 "나는 훌륭하다"고 외쳐본들 누군가 승인하지 않으면 위신은 존재할 수 없다. 그러고 보면 우리 사회에서 자본이라 불리는 것은 전부 환상이다. 물론 환상이라서 무의미하다는 말은 아니다. 환상이 환상으로서 제대로 기능하지 않으면 세상은 돌아가지 않는다는 말이다. 환상이 어떻게 기능하고 어떻게 기능 부전에 빠지는지를 고찰할 필요가 있다.

문제는 지금의 많은 사람이 교양을 문화자본으로 인지하지 않는다는 점이다. 그러다 보니 교양 없는 대학교수, 교양 없는 대학생, 교양 없는 정치가, 교양 없는 관료, 그리고 교양 없는 ○○○를 만나는 것이 일상다반사가 되어버렸다.

중국 4대 미녀 중 한 명인 '서시'에 얽힌 에피소드가 있다. 오나라 왕 부차의 애첩인 서시는 당시 가슴앓이라는 지병이 있어서 걸을 때 언제나 가슴을 움켜쥐고 눈썹을 찡그렸다. 그런데 그 모습 또한 아름다워서 그녀가 부차의 사랑을 독차지한다는 소문이 퍼졌다. 그러자 궐 안의 모든 여인이 서시를 따라 눈썹을 찡그리며 걸었고, 급기야 오나라 모든 여성이 그렇게 했다.

신체적인 고통 때문에 눈썹을 찌푸리는 행위는 그냥 생리적인 반응이다. 어떠한 에로스적인 함의가 없다. 그것을 에로스적 의미를 띤 기호로 해석한 것은 서시의 주위 사람들이다. 에로스를 의미하는 기호로 해석하는 사람이 있으면 '찡그림'은 에로스를 의미하는 기호가 되고 눈썹 사이의 주름은 미적 형상이 된다.

이처럼 문화자본은 늘 해석자의 욕망을 통해서 기동한다. 서시가 오나라 왕의 총애를 얻은 데에는 미모 아닌 다른 이유가 있었을지 모른다. 그런데 오나라 궁녀들은 왕으로부터 총애를 얻지 못하는 자신과 서시 사이의 위계 차이를 그 밖의 차이(예컨대 지성과 같은)에서 구하지 않고 그냥 눈썹의 움직임에서 찾았다. 그렇게 눈썹의 떨림 혹은 찌푸림은 오나라에서 문화자본으로 등록되었다.

어떤 종류의 지식과 기법이 문화자본으로 등록되는 까닭은 '그것이 있어서 저 사람은 권력과 위신, 재화를 손에 넣었다'는 식으로 오해하는 사람이 있기 때문이다. 그렇다. 문화자본은 오해의 산물이다. 서시가 찌푸린 눈썹에 본래 에로스적인 함의가 없는 것과 마찬가지로 교양에는 권력과 위신을 약속하는 어떠한 요소도 없다. 권력과 위신을 가진 사람을 부러운 눈으로 올려다보는 사람들의 눈에 차별화의 비밀로서 마침 교양이 비쳤기 때문에 문화자본이 되었을 뿐이다. 그렇다면 교양이 문화자본으로 기능하지 않게 된 이유도 간단하다. 현재 한국 사회에서 권력, 위신, 재화, 정보 등의 사회적 자원을 점유하고 있는 사람들에게 교양이 없기 때문이다.

옛날에는 사회적으로 상층부에 있는 사람 중 많은 이가 '때마침' 교양이 있었다. 그래서 밑에 있는 사람들은 '교양이 있으면 사회의 상층에 올라갈 수 있구나'라고 착각했다. 물론 사회적으로 상층부에 있는 사람들이 그 지위를 차지한 것이 교양 때문만은 아니다. 많은 사람이 착각하는 바람에 서시의 경우와 똑같이 서둘러 교양을 익히려고 한 것이다.

그러나 2021년 한국 사회의 상층부 사람들은 여러분도 잘 알고 있듯이 교양이 없다. 사회적인 문제를 단순한 어법(좌파 대 우파, 선 대 악 등)으로 말하고 자기 잘못을 절대로 인정하지 않는 사람들이 대부분이다. 물론 그들이 이 능력으로 사회의 상층부에 오르지는 않았을 것이다. 어떤 특정한 경쟁력을 기르다 보니 부작용으로 익힌 태도에 불과할 것이다. 그런데 사람들이 겉모습만 보고 이것을 계층 차 형성의 주원인으로 오해하자, 상층부 사람들은 더욱 교양에 관심을 두지 않게 되었다. 일종의 악순환이라고 볼 수 있다.

  그렇다고 무조건 한탄할 수만은 없다. 교양 재생 프로그램 또한 매우 간단하기 때문이다. 교양 있는 사람만 출세할 수 있는 프로모션 시스템을 구축하면 된다. 벌써 눈치챈 독자들이 분명 있을 것이다. 바로 과거제도의 부활이다. 정부 관료, 정치가, 무엇보다 대학교수를 과거제도 실시로 전원 교체할 수 있다. 교과부도 '융복합인재' 같은 별 실효성 없는 이야기는 그만하고 과거를 통해 정치가와 정부 관료, 대학교수를 등용하는 것은 어떨까? 진지하게 검토해 주길 바란다.

과거는 가변적이고
미래는 오지 않았다

일본 특히 도쿄와 같은 대도시는 땅값이 비싸서 한 건물 안에 유치원부터 대학원까지 다 있는 사학재단이 제법 있다. 지하 5층까지 주차장이고 지상 1층부터 유치원, 초등학교, 중학교, 고등학교, 대학, 대학원 뭐 이런 식이다. 몇 년 전 학회 참석차 도쿄에 간 적이 있다. 학회가 열리는 대학에서 이런 광경을 눈으로 확인했다. 나는 이 건물을 보고 생명보험 플래너가 설명해주는 라이프플랜을 듣고 '앗, 내 인생 끝났다'는 느낌을 받았을 때가 떠올랐다.

나의 박사논문 지도교수인 모로 유지 선생님의 귀중한 가르침 가운데 "아직 일어나지 않은 일을 미리 걱정하지 말라"가 있다. 아직 일어나지 않은 일을 미리 걱정하는 것은 미래가 예측 가능하다는 전제에서 이루어진다. '이렇게 돼서 이렇게 돼버리면 어떡하지?'라고 앞으로 일어날 가능성을 총망라하고, 그중 최악의 상황이 닥쳤을 때의 곤혹과 고뇌를 앞당겨 맞이한다. 최악의 사태를 생각해서 미리 여러 가지 강구책을 세우다 보면 자신의 노력에 보상해주고 싶은 마음마저 생긴다. 그렇게 열심히 최악의 사태에 대비했는데 최악의 사태가 일어나지 않으면 어떨까? 미래를 앞당겨 맞이해서 걱정한 보람이 사라진다. 그래서 최악의 사태가 오기를 무의식적으로 바라는 도착(倒錯)이 일어난다.

정치학자 채효정은 미래에 일어날 일을 미리 걱정하는 사람에게 다음과 같은 일침을 놓는다.

인디언들이 생각하는 시간은 일곱 번째 아이가 올 때까지라고 한다. 아이의 아이의 아이가 태어나 마침내 일곱 번째 아이가 올 때까지의 시간, 그 시간을 지금 현재의 사람들이 책임져야 할 시간이라고 생각하는 것이다. 그 이후가 미래, 곧 인간의 삶에 토대한 시간성을 벗어난 시간, 오지 않은 시간이다. 그 시간은 신에게 속해 있고, 그래서 상상하거나 예상해 보는 일은 할 수 있지만 지금의 사람이 그 미래를 구체적으로 준비하거나 대응할 수는 없는 것이다. 그런데 일곱 번째 아이는커녕 첫 번째 아이가 오기도

전에 우리의 '미래'는 도래한다(채효정, 〈미래는 그렇게 오지 않는다〉, 《민들레》 2016년 10월호, 13쪽).

미래란 아직 있지 않은 것이다. future는 있음을 뜻하는 라틴어 be 동사 숨(sum : I am)의 미래형으로, 원래 뜻은 '있을 것'이 아니라 '있지 않다=지금 없음'이다. 그것은 미래의 어떤 상태가 아니라 현재에 있지 않음, 곧 부재 상태를 지시한다. 아무래도 우리가 지금 안고 있는 모든 문제의 근원은 아직 오지 않은 시간의 미지성을 너무 과소평가하는 데 있지 않나 싶다.

만남은 만나야 할 장소에서 만나야 할 때 만나야 할 사람과 만나는 형태로 성취된다(나는 이런 만남의 양태를 《우치다 선생에게 배우는 법》에서 '딱착의 인연론'이라고 이름 붙였다). 이처럼 관여하는 요소가 많은 사태를 주체는 현시적(現時的) 관여에 기초해서 통제할 수 없다. 이 사태가 성취되는 데 필요한 요소의 대부분이 불확정적이기 때문이다.

여기서 어떤 본질적인 전도(転倒)가 이루어진다. 즉 만남이 이미 성취되었을 때(내가 모로 유지 선생님을 만난 일, 또 다른 스승인 우치다 타츠루 선생님을 만난 일)의 나를 제1차적 주체로 두고 현시점의 나를 과거의 나로 후퇴시키는 것이다. 그러면 마치 바늘구멍을 통과한 실을 끄집어내듯이 일직선으로 곧바로 만나야 할 사람에게 향하는 과거의 나가 멀리서 보인다. 즉 만난 이후에서야(사후적으로) 비로소 '다름 아닌 이 사람을 만나야 해서 곧바로 걸어온 나'가 만들어진다.

　이렇게 말하면 당연히 다음과 같은 질문이 나올 것이다. "그런데 어떻게 그 미래의 나를 상정합니까?" "미래의 내 모습을 상상하는 것은 역시 현재의 나 아닌가요?" 예를 들어 프로야구 스타가 되고 싶은 현시점의 내가 스타가 된 미래의 나를 상상해서 그대로 되었다고 하자. 그렇다면 현재가 미래를 지배한 것 아니냐고 의문을 품을 것이다. 그러나 걱정할 필요 없다. 프로야구 스타가 되고 싶은 내가 프로야구 스타가 된 나를 만들어내는 것이 아니기 때문이다. 그런 일은 일어나지 않는다. 프로야구 스타가 될 가능성이 농후한 사람은 처음부터 그렇게 숙명 지워져 있다. 그런 사람은 '프로야구 스타가 되고 싶다'고 막연하게 생각해서 그렇게 된 것이 아니다. 그의 바람은 실로 구체적이다. 프로야구 스타가 되면 살 집의 구조, 자신만의 독특한 사인 발명, 교우관계 정리(딱새 같은 녀석은 내가 유명해지면 반드시 돈을 빌리러 올 것이니 이쯤에서 관계를 청산하자) 등 세세하고 구체적인 사항을 어릴 때부터 쭉 생각하고 있다. 그래서 실제로 프로야구 스타가 돼서 기자로부터 "언제부터 프로야구 선수가 되고 싶었습니까?"라는 질문을 받으면, "제가 1984년에 초등학교 3학년이었는데요. 그때 한국시리즈에서 뛰는 최동원 선수의 투구를 보고 전기에 감전된 느낌이 들어서……" 같이 대답한다.

　이처럼 인간은 되고 싶은 A를 실현한 뒤에 비로소 되고 싶은 A를 품고 있었던 과거의 나를 사후적으로 인지한다. 되고 싶은 A 이외에도 되고 싶은 B, 되고 싶은 C처럼 무한의 되고 싶은 무엇인가가 내 안에 잠재하고 있었지만, 실현된 무엇에 관해서만 과거의 나를 생각해 낸다. 따라서 만나야 할 때 만나야 할 장소에서 만나야 할 사람과 만났다는 것은 그냥 우연이다. 프로야구 스타가 된 소년, 작가가 된 사람, 만화가가 된 사람, 나처럼 우여곡절을 거쳐서 독립연구자가 된 사람 모두 묵묵히 걸어온 나를 '그렇게 된 뒤'에 자유자재로 사후적으로 구축할 수 있다.

그런데 그것이 잠재적 바람에 포함되어 있었기 때문에 우리는 우연이라고 생각하지 않는다. 특히 잠재적 바람과 현실이 딱 일치한 사람은 마치 숙명에 이끌려서 당도한 것처럼 착각한다. 그렇다, 착각이다. 아니, 착각이지 않으면 안 된다. 왜냐하면 실제로 자신에게 어떤 일이 일어날지는 알 수 없으며, 대부분 자력으로 대처할 수 없기 때문이다. 자기 손으로 미래를 개척한다는 것은 거의 불가능에 가깝다.

자신은 재능이 있는데 노력해도 전혀 결실을 보지 못한다고 한탄하는 사람이 있다. 반면에 전혀 재능도 없고 그다지 노력도 하지 않는데 계속 좋은 일만 생겨서 큰일이라며 웃는 사람이 있다. 그 차이는 자신의 장래에 대해 얼마나 많은 가능성을 열거하는지에 비례한다. 당연히 백 가지 바람을 품었던 사람은 한 가지 바람밖에 품지 않았던 사람보다 바람 달성 비율이 백 배 높다. 많은 사람의 오해와 달리 바람이 달성될 가능성은 노력, 재능, 행운과 관계가 없다. 그것은 미래에 대한 개방도와 밀접하게 상관한다. 물론 이런 태도는 미래를 개척한다는 발상과 상극에 있다. 문자 그대로 아직 있지 않은 것, 즉 부재(future)에 경의를 품는 자는 언젠가 숙명을 만난다. 그러나 미래를 기지(旣知)의 도면에 따르게 하려는 자는 결코 숙명과 만나지 못한다. 진짜 자유로운 사람만이 숙명을 만날 수 있다.

이처럼 미래와 과거는 늘 현재와의 관계 속에서 움직인다. 나는 인간의 기억을 모두 인공지능에 저장하는 것은 원리적으로 불가능하다고 생각한다. 기억은 실체(명사)가 아니기 때문이다. 새로 경험할 때마다 우리 기억은 전부 다시 쓰인다. 그때그때 태어나서부터 만들어진 기억의 다시쓰기가 이루어진다. 어떤 경험의 순간에 몇십 년 전의 일이 갑자기 생생하게 떠오르는 때가 있다. 어떤 경험으로 인해 기억에 새로운 의미가 부여되는 때도 있다. 거꾸로, 실제 경험한 일이라 하더라도 나쁜 사건과 제대로 처리할 수 없는 사태는 일어나지 않은 기억으로 말소된다.

프로이트가 《과학적 심리학 초고》에서 'Nachtraglichkeit'라고 명명한 현상을 잠시 검토해 보자. 12세 소녀 엠마에게는 상점을 제대로 들어가지 못하는 트라우마가 있다. 몇 달 전 옷 가게 점원이 자신을 보고 웃자 묘한 흥분과 수치심을 느끼고 도망치듯 가게 밖으로 뛰쳐나왔다. 그 후 엠마는 다른 상점에도 들어갈 수 없었다. 하지만 옷 가게 점원이 웃었다는 이유만으로 엠마의 트라우마를 설명할 수는 없다. 엠마에게는 과거에 다른 사건이 있었다. 8세 때 사탕 가게에 간 적이 있다. 사탕 가게의 주인이 웃으면서 엠마의 성기를 만졌다. 엠마는 아직 어려서 사회적 성 의식이 없었고, 사건은 그대로 은폐되었다. 잠재된 기억이 12세 때 옷 가게 사건을 통해 소환되었다. 수치심과 상처가 되살아나면서 다른 상점에도 갈 수 없었다. 이처럼 기억은 문맥이 만들어질 때마다 선택되고 배열되고 상기된다. 즉자적으로 어떤 고정불변한 실체로서 존재하는 것이 아니다. 우리의 과거는 뭔가를 경험할 때마다 소생하고 사라지고 재정의된다.

과거의 데이터를 하나씩 나열해서 초고속으로 스캔하는 것은 가능하다. 하지만 실제로 기억은 그렇게 움직이지 않는다. 우리는 기억을 그때그때 편집한다. 스캔과 편집은 완전히 다른 활동이다. 예컨대 두 사람이 같은 목적으로 같은 일했다 하더라도, 두 사람은 각자 다른 방식으로 사건을 편집해 기억한다. 한 사람에게는 있는 기억이 다른 사람의 기억 속에는 없는 예가 있다. 그것은 지금 여기서 일어난 일을 자기 문맥에 따라 편집하기 때문이다.

그러고 보니 이런 이야기가 하나 떠오른다. 어느 지역 연수원에서 열린 '융복합 수업 어떻게 할 것인가?' 강연에서 이런 질문이 나왔다.

"《호모데우스》의 저자 유발 하라리는 미래사회에는 알고리즘이 대부분의 일을 처리할 것이라고 말하고 있습니다. 이와 관련해서 4

차 산업혁명에 대비한 초중등 교육은 어떠해야 할까요?"

나는 이렇게 대답했다.

"그레고리 베이트슨(Gregory Bateson)은 《정신과 자연》에서 인공지능에 관한 인상 깊은 이야기를 소개합니다. 세계 최대의 슈퍼컴퓨터에 과학자가 처음으로 질문을 입력합니다. '기계는 인간과 똑같이 사고할 수 있는가?' 1950년대 책이기 때문에 거대 전자계산기는 프린터로 답을 토해냅니다. 거기에는 다음과 같이 쓰여 있었습니다. 'That reminds me of a story(그러고 보니 이런 이야기가 하나 생각났다).' 이 대답이 역설적으로 기계와 구별되는 인간 지성의 특징을 잘 보여주지 않나 싶습니다. 참으로 깊은 대답이 아닐 수 없어요. 주어 that은 문법적으로 '전에 나온 내용을 받는다'는 아주 막연한 뜻이 있습니다. 그렇다면 도대체 무엇이 그 이야기를 생각해 낸 계기가 되었는지 실은 기계도 사람도 모른다는 뜻입니다.

우리가 문득 '이런 이야기가 생각났다'고 말할 때 그 이야기는 내 기억의 저장고 속에 그러한 형태로 자리 잡고 있었던 것이 아닙니다. 무언가 계기가 되어서 그 장에서 창조된 것입니다. 자신이 완전히 잊고 있었던 이야기, 혹은 누군가에게 얻은 정보와 지리멸렬한 꿈, 망상 등이 갑자기 연결돼서 하나의 이야기로 만들어진 것이지요. 그것은 현재의 내가 과거를 편집해서 만들어낸 작품입니다. 따라서 다른 that이 나오면 또 다른 이야기를 떠올리겠지요.

우리 인간은 과거를 거슬러 올라가면서 기억을 재구성합니다. 과거의 기억은 전혀 때 묻지 않은 채, 혹은 불멸의 실체(명사)로 뇌 안에 저장되는 것이 아닙니다. 지금 여기서 그때그때 소환되어 만들어집니다. 인간 지성은 시간을 역행해서 과거에 입력된 데이터를 창조할 수 있는 특징을 갖고 있습니다. 경험하지 않았던 것, 몰랐던 것을 자신의 경험과 지식으로 떠올릴 수 있습니다. 인간은 자신이 어땠는지에 관한 모조기억을 편집합니다. 그것을 위해서 시간 속을 자유롭게 왔다 갔다 하지요. 하지만 인공지능은 그것이 불가능합니다. 인공지능은 '무시간 모델'입니다. 인공지능은 지평선 끝까지 펼쳐져 있는 무진장의 데이터를 한순간 모두 사용할 수 있습니다. 즉 수평 방향으로 자유자재로 작동할 수 있습니다. 그러나 수직 방향으로 움직일 수 없습니다. 존재하지 않는 데이터를 떠올리거나 잊어버릴 수 없습니다. 이것이 인간 지성과의 결정적인 차이입니다.

인간 지성은 폭주할 수 있습니다. 폭주는 언제 어디서 무엇이 일어날지 예견할 수 없으므로 폭주입니다. 폭주를 제어하거나 폭주를 프로그램화하는 것은 원리적으로 불가능합니다. 인공지능의 알고리즘은 폭주하는 지성을 따라갈 수 없으니, 미래에 대해 너무 염려하지 않으셔도 좋을 것 같습니다."

역사 공부는
연대표 외우기부터

얼마 전 고등학교에서 한국사를 가르치는 중학교 동기로부터 "요즘 아이들은 역사를 전혀 모른다"는 탄식을 들었다. 삼국 시대, 고려, 조선의 순서를 제대로 대답하지 못하는 학생들이 있는 모양이다. 그래서는 한국사를 모르는 것이 오히려 자연스럽다고 말하고 싶어질 지경이다. 역시 기초적인 지식을 몰라서는 아무것도 되지 않는다.

역사 공부는 연대표를 통째로 암기하는 것이 아니라고 생각하는 사람들이 있다. "연대표가 아니라 흐름을 가르쳐달라", "OOO 선생님처럼 재미있는 이야기로 역사를 가르쳐달라"고 요구하는 아이들도 있단다. 그런데 나는 역사를 이해하기 위해서는 먼저 사건과 연대표를 외우지 않으면 안 된다고 생각한다. 흐름이라고 쉽게 입에 담지만, 실제로 역사의 흐름은 실재하지 않는다. 흐름은 사서(史書)를 쓰는 사람이 만든 이야기일 뿐이다. 마이클 오크숏(Michael J. Oakeshott)에 의하면 "역사는 역사가의 경험이다. 그것은 역사가들에 의해서 만들어지는 것이고, 역사를 쓴다는 것만이 역사를 만드는 유일한 방법이다." 따라서 역사 공부에서 원인과 결과를 입에 담는 사람을 쉽게 믿어서는 안 된다. 다른 분야에서도 마찬가지다.

"원인이란 애당초 제대로 되지 않는 것이다." 자크 라캉의 통찰이다. '원인은 무엇인가?' 같은 물음을 세우는 것은 원인을 모를 때뿐이다. 원인은 원인을 모를 때에만 인간의 뇌리에 떠오르는 개념이다. 당신이 길을 걷고 있다. 그런데 처음 보는 사람이 다가와서 갑자기 당신을 때렸다고 해보자. 당신은 그때 뭐라고 말하는가? "왜 갑자기 나를 때려요?"라고 물을 것이다. 맞은 이유를 모르니까. 하지만 아무리 아프더라도 "왜 아프지?"라고는 묻지 않는다. 이 장면에서 원인을 알고 있는 것(맞으면 아픈 것)에 관해서는 아무도 원인을 묻지 않는다는 사실을 확실히 알 수 있다. "왜 이렇게 된 거야?"와 같은 물음을 세우는 까닭은 적어도 왜 이렇게 되었는지를 찾기 어려울 때뿐이다.

역사에서도 똑같다. 어떤 사건이 일어난다. 그 뒤 다른 사건이 일어난다. 당신에게 그 사건들이 원인과 결과로 보인다. 그렇다면 오히려 그 사건들은 인과관계가 아니었을 가능성이 크다. 일단 우리가 아는 것은 시간의 전후뿐이다. 그런데 시간의 전후 관계는 인과관계와 다르다. '이 역사적 사건의 원인은 이러이러하다'는 설명이 교과서에 당연한 듯 등장한다. 하지만 원인이라는 말을 사용하고 있을 때는 주의가 필요하다. 다시 말하지만, 원인이라는 말을 쓰는 까닭은 원인을 잘 모르기 때문이다. 따라서 "개별적인 역사적 사실은 배우고 싶지 않다. 원인과 결과의 흐름만 가르쳐달라"는 요구는 현명하다고 할 수 없다.

어떤 사건과 다른 사건으로 연결되는 선에 관한 생각은 역사가마다 다르다. 당연하다. 원인과 결과로 관계 맺기는 원래 제대로 안 되는 것이다. 역으로 말하면, 제대로 안 되는 것을 제대로 연결 짓는 궁리를 통해서만 역사적 지성은 발휘된다. 그것이 역사를 대할 때 지성의 일이다. 아니 전부라고 해도 지나치지 않다. 그것 이외의 일(연대표를 외우거나 역사 인물의 이름을 외우는 일)에 지성은 필요 없다. 그런 정보에 관해서는 어떤 단추를 누르면 어떤 정보가 나오는지 아는 것으로 충분하다. 우리가 할 일은 원인과 결과에 관해서 자기 스스로 독창적인 설명을 하나 만들어내는 것뿐이다.

역사에 관해서 타인(그 사람이 아무리 잘나가는 역사 강사라 하더라도)의 의견을 그대로 받아들이는 것은 지성의 활동을 포기하는 것과 다르지 않다. 아무리 훌륭한 사람이 말한 것이라고 해도 진실은 아니다.

어떤 사건이 원인과 관련되는 한 진실을 알고 있는 인간은 어디에도 없다. "내가 일일이 생각해야 하는 그런 귀찮은 일을 하고 싶지 않은데. 그냥 선생님이 말씀하시는 이야기를 통째로 받아들이면 되는 것 아냐?"라고 말하는 사람은 추리소설을 읽을 때 "읽는 것이 귀찮으니까 나 대신 마지막까지 읽고 범인만 알려줘"라고 말하는 사람과 같다. 그래서야 무슨 재미가 있을까?

잘 모르는 것을 알기 위해서는 스스로 모르는 것을 경험함으로써 알아가는 과정에서 여러 힘듦을 겪어야 한다. '왜 이런 일이 일어났을까?'와 같은 물음을 자신에게 던지고 자기 머리로 생각하는 자세가 필요하다. 그리고 모순처럼 들리겠지만, 자력으로 생각하기 위해서는 역사상의 랜드마크가 되는 사건과 연대표를 외워야 한다. '몇 년에 어디에서 무엇이 있었다'는 역사 데이터를 암기해 두면 똑같은 해에 여기서는 이런 일이 일어났다는 것을 자각할 수 있다. 그것과 이것을 연결해서 생각해 보면, 그것과 이것 사이에 이런 일이 있었을지도 모른다는 추리가 가능해진다.

링컨이 노예해방을 선언했을 때 영국에서 한 유명인이 축전을 보냈다. 누굴까? 바로 카를 마르크스다. 링컨과 마르크스 사이에 어떤 관계가 있었을까? 이런 물음은 역사의 흐름에 기초해서 쓰인 역사서를 읽는 독자의 머리에는 절대 떠오르지 않는다. 연대표를 암기해 둬야 떠오른다(링컨의 게티즈버그 연설이 1863년, 마르크스가 1차 인터내셔널을 런던에서 결성한 것이 다음 해인 1864년). 미국사와 사회주의 사상을 따로따로 공부하면 두 사람이 동시대 인물이었다는 사실을 자각하지 못한다.

와이엇 어프(Wyatt Berry Stapp Earp)와 토머스 에디슨은 한 살 차이였다는 사실을 알고 있는가? 어프는 1848년생, 에디슨은 1847년생이다. 어프는 대공황의 해(1929년)에 죽었다. 와이어트 어프는 서부 영화에서 개척 시대의 보안관으로 나온다. 그래서 왠지 옛날 사람 같다. 반면 위인전을 통해 본 발명왕 에디슨은 현대인 같다. 따로따로 보면 둘은 관계가 없지만, 연대표 안에서 보면 틀림없이 같은 시대에 같은 공기를 마시고 살았다는 사실을 알 수 있다. 자연스레 '어떤 공기였을까?'라는 의문이 떠오른다.

물론 역사 공부에서 흐름은 중요하고 이야기 방식으로 구성된 역사 교과서는 읽기 쉽다. 하지만 그것은 결국 다른 사람이 만든 이야기를 그대로 받아들이는 것에 불과하다. 연대표 외우기는 과거로부터 현재까지 직선적인 인과관계로 연결되어 있다고 말하는 단순한 이야기에 의존하지 않기 위한 최후의 방어선이다.

역사는 그렇게 단순하지 않다. 곳곳에 갈림길이 있어서 역사의 진로가 바뀌곤 한다. 우리가 지금 있는 이 세계는 이쪽으로 갈 것인가 저쪽으로 갈 것인가 선택을 반복하다 어쩌다 보니 여기에 이른 것뿐이다. 교과서에서는 '제임스 와트가 증기기관을 개량했기 때문에 스티븐슨이 증기기관차를 만들 수 있었다'는 식의 직선적인 기술사를 가르친다. 그런데 실제로는 그렇게 똑바로 일이 진행되지 않았다. 당시 기술자 중에는 증기기관으로 움직이는 '발굽'이 지면을 긁으면서 앞으로 나아가는 철마를 구상한 사람이 있었다. '무엇으로 차를 끌 것인가'라는 조건에 매달려서 차 자체가 회전하는 것을 생각하지 못했다. 이처럼 어떤 분기점에서 역사의 궤도가 바뀌었기 때문에 이쪽으로 온 것뿐이다. 그때 다른 방향으로 바뀌었으면, 여기가 아닌 다른 장소에 지금 우리가 서 있을지도 모른다(철마가 열차를 끌고 있는 산업사회 같은). 이런 생각은 역사 공부에서 매우 중요하다. 역사를 '하나의 선'으로서가 아니라, 이른바 무수한 결절로 짜여진 '거대한 망'으로서 그려보는 태도다.

따라서 어떤 역사적 사건의 의미를 이해하기 위해서는 '왜 이 사건이 일어났을까?'라는 물음만으로는 부족하다. '왜 이 사건은 일어났는데 다른 사건은 일어나지 않았을까?' 같은 물음이 동시에 필요하다. 우리의 지성은 일어난 사건의 인과관계를 발견하는 것과 같은 정도로, 일어나지 않은 사건에 관해 얼마큼 많이 생각하는가에 의해서 활성화된다.

미리 주어진 단순한 이야기, 미리 정해진 방법으로 역사를 읽는 사람이 있다. 그리고 역사를 과거와 미래에 걸친 넓은 망 속의 일로 크게 포착하고 개별 사건의 의미를 가능한 한 미결정의 상태로 두면서 미세한 흔들림에 몸을 맡기는 사람이 있다. 둘의 차이는 지성의 사활에 관련된다.

계속하는 힘

　대학의 경영 규모가 어느 선을 넘어서면, 이러이러한 교육을 하고 싶어서 학생을 모집한다는 생각에서, 학생을 가능하면 많이 모집하고 싶어서 이러이러한 교육을 한다는 방향으로 발상이 바뀐다. 현재 한국 대학 대부분은 후자에 기초해서 학생을 모집하고 있다. 바꿔 말하면, 계속 질 높은 교육을 하기 위해서는 수지가 흑자이지 않으면 안 된다는 생각은 어디론가 사라져버리고, 수지가 흑자가 되도록 교육하지 않으면 안 된다는 생각이 '보통'으로 자리 잡았다. 대학은 교육이 아니라 비즈니스의 장으로 바뀌었다.

학교가 교육 서비스의 판매자, 학생이 구매자가 된 지 꽤 시간이 흘렀다. 나는 학생 중심의 수업이 필요하다는 뜻에서 널리 사용하고 있는 '수요자 중심 교육과정'이 학생을 구매자로 보는 것과 다르지 않다고 생각한다. 그리고 지금은 공급 과잉(예컨대 대학의 숫자) 상태이기 때문에 시장의 규칙에 기초해서 상품의 선택권이 대학 지원자에게 있다. 당연히 대학에 들어가기 쉽다. 수험생에게는 더할 나위 없는 상황처럼 느껴질 것이다. 그런데 이것은 단견에 불과하다. 상품 매매에서 구매자의 속인적인 특성을 아무도 신경 쓰지 않기 때문이다.

상품을 사주기만 하면 누구라도 좋다는 것이 시장의 보편 규칙이다. 여섯 살짜리 어린이가 편의점에서 내미는 만 원짜리 지폐와 대기업 총수가 내미는 만 원짜리 지폐는 점주에게 동등한 가치를 갖는다. 돈만 내면 어린이라도 어른과 똑같은 상품이 구입 가능하고 똑같은 서비스를 누릴 수 있다. 이처럼 속인성의 소거는 종종 사회적 약자에게 일종의 전능감(全能感)을 안겨준다.

하지만 어떤 경우라도 '앞서 맞이한 전능감'은 그것과 똑같은 양의 '무능감'과 언젠가 맞교환(trade off)된다. 상품을 사주기만 하면 구매자는 누구라도 상관없다는 달콤한(?) 언명은 여기에 있어야 할 사람은 굳이 네가 아니어도 상관없다는 선언과 같다. 이 메시지는 저주의 말로 계속 살아남아서 이른바 배우는 자인 학생의 정체성을 해체한다. 결국 학생은 물건을 구매하는 소비자라는 정체성을 갖게 된다.

보통 내가 이 학교에 있는 (많은 사람이 생각하는) 가장 설득력 있는 이유는 여기밖에 합격할 수 없고, 이 정도 대학이면 합격할 것 같았기 때문이다. 이에 대해 "그렇게 학교를 선택해서는 안 된다"고 야단치는 부모와 교사는 거의 없다. "어쩔 수 없지 뭐"라고 쉽게 수긍한다. 그런데 그렇게 말하면 그것으로 끝이다. 왜 자신이 여기에 있는지를 본인도 잘 이해할 수 있고 주위 사람들도 잘 이해할 수 있는 장에 있는 사람은, 자신이 그 장에 있는 이유를 자력으로 구축할 필요가 없어지기 때문이다. 역설적으로, 학교 선택의 이유를 제대로 말하지 못하는 태도가 배움에서 결정적으로 중요하다.

우치다 타츠루는 다음과 같이 말한다.

합기도에 입문할 때 입문의 이유를 묘하게 거침없이 설명하는 사람이 있다. 이것저것 무도와 신체 기법을 편력하고, 다양한 무도 관련 책을 읽고, "역시 합기도밖에 없다고 생각해서"라고 말하며 잘 아는 듯이 온 입문자는 경험적으로 말해서 일단 오래가지 못한다. 입문 동기를 술술 열거하더니 그만둔 사람을 몇 번이나 봤다. 그것보다는 합기도가 뭔지 잘 모르지만 '친구를 따라와서 하다 보니까 그만……'과 같은 '하품 수련' 동기로 입문한 사람이 대개 오래간다(内田樹(2021),《武道論: これからの心身の構え》, 河出書房新社, p.76).

나는 배움의 역동성을 이야기할 때 일본의 라쿠고(落語) 작품 중 하나인 〈하품 수련〉 이야기를 종종 인용한다. 〈하품 수련〉의 줄거리는 다음과 같다.

어떤 마을에 하품 지남소(指南所)가 생겼다. 그곳에서 제대로 하품하는 방법을 배우려고 결심한 사람이 친구(하품에 별로 관심이 없어 보이는)를 데리고 가서 하품의 달인으로부터 하품을 배운다. 그런데 하품을 가르치고 배우는 과정이 너무나 지루해서 주인공을 따라온 친구가 아주 큰 하품을 한다. 그 모습을 보고 하품의 달인인 노인은 이렇게 말한다.

"같이 온 친구가 하품을 너무나 잘하는군요."

이 〈하품 수련〉은 배움에 관한 비유로서 아주 잘 만들어진 이야기다. 배움의 목적과 유용성이 배우기 전부터 확실한 사람은 제대로 배우지 못하거나 배움을 지속하지 못한다. 반면 배우는 목적이 불분명하고 이렇다 할 계획이 없지만 왠지 배우고 싶은 사람은 오래간다. 나아가 대가가 된다. 그는 왜 자신이 여기에 있고 이런 일을 하는지 잘 모르기 때문에 어떻게든 그 이유를 찾으려 애쓴다.

이것은 배움의 과정에서도 일어난다. 인간은 완전히 동기가 없는 상태에서는 뭔가를 하지 않는다. 따라서 "하품 수련에 가려고 하는데 너도 같이 안 갈래?"라고 친구로부터 권유받았을 때, "응, 좋아"라고 고개를 끄덕인 것은 본인도 모르는 어떤 의미가 있었다는 뜻이다. 싫다고 그 자리에서 대답할 수 있었으며, 그 거절에는 충분한 근거도 있었을 것이다(여하튼 하품 수련 같은 것은 정말 재미없어 보이기 때문에). 그런데도 배움의 장에 온 이상 거기에는 명시되지 않은 이유, 본인도 아직 모르는 이유가 있다. 아무리 자기 내면을 들여다봐도 배움에 대한 강한 이유를 찾기 어려울 때는 일단 배워보는 것이 인류학적 상식이다.

나는 대학 시절에 연극 동아리에서 4년 동안 여름방학과 겨울방학을 꼬박 다 투자해 연극 작품을 무대에 올렸다. 총 여덟 번 연극 작품에 참여했다. 그것도 부족해 대학원에 다니면서 프로 극단에 몸담고 연극배우 생활을 2년 정도 했다. 그런데 내가 처음부터 연극배우가 되고 싶다는 명확하고 실증적인 목표를 갖고 대학 동아리나 프로 극단에 들어간 것은 아니었다. 그냥 그리 친하지 않은 친구의 권유로 참관한 연극 연습 무대가 이유는 잘 모르겠지만 왠지 재미있어 보였다. 그러다 그 동아리 구성원들과 같이 MT를 가게 되었고, 어느 순간 연극 대본을 읽게 되었다. 하지만 그때도 내가 연극에 빠져 있는 이유를 찾기는 쉽지 않았다. 그 이유를 찾으려고 노력하다 보니 제법 오랜 세월 연극배우로서의 삶을 사는 자신을 발견하게 되었다.

영화배우나 가수를 막 시작한 친구들이 그 일을 좀처럼 그만두지 못하는 까닭은 단순히 화려한 연예인 생활에 대한 동경과 미련 때문이 아닐 것이다. 많은 사람이 들려주는 이야기에 의하면, 왜 그 일을 하게 되었는지 이유를 잘 모르기 때문이다. 그것을 알 때까지는 그만 둘 수 없다. 그 일을 시작한 지 얼마 되지 않은 상태에서 그만두면 앞으로 인생에서 계속 마음에 걸린다.

인간은 그런 존재다. 그래서 뭔가 배우기 전에는 가능한 한 자신이나 주위 사람에게 배우는 이유를 설명하지 않는 편이 낫다. 그리고 가능하면 주위로부터 "그만두는 게 낫다"는 말을 듣는 일, 자신도 "나한테 맞지 않는 것 같은데?"라고 생각하는 일을 시도해 보는 것이 좋다.

내가 지금까지 해왔던 일은 모두 주위로부터 "그만두는 게 낫다"라는 것 일색이었다. 교육학과를 선택한 것도, 대학에서 연극 동아리 활동을 하다 프로 극단에서 연극배우로 산 것도, 일본으로 유학 간 것도, 교육심리를 전공해 질적연구로 박사학위를 받은 것도, 해럴드 가핑클이나 회화분석 같은 사회학 분야의 책을 쓴 것도, 그리고 지금처럼 대학교수를 그만두고 독립연구자로 사는 것도.

"연극 그런 거 해봐야 시간 낭비지 무슨 소용이 있노?"

"일본에서 박사학위를 받아서는 대학에서 자리 잡는 게 어렵다."

"교육심리는 앞으로 사양길이니까 특수교육이나 교육공학을 전공하는 게 낫다."

"질적연구는 시간이 오래 걸리니까 설문지 돌리기 같은 양적연구로 논문을 많이 양산하는 것이 대학에서 자리를 잡는 데 유리하다."

"대학교수 그만두고 독립연구자로 살면 생계유지가 되기는 하거야?"

여러 사람으로부터 이런 이야기를 들었다. 그런데도 왠지 모르지만 하고 싶다는 정리되지 않은 마음(unfinished business)이 남아서, '그래 일단 한번 해보자'라는 마음으로 고군분투하다 보니 지금 내가 하는 일이 되었다. 나는 내가 이 일을 하는 이유를 아직 명확히 찾지 못했다. 물론 아주 재미있고 흥미진진하게 계속하고 있다.

어쨌든 나는 왜 그런 일을 시작했는지 스스로 이유를 찾으려고 노력해 왔고 지금도 노력 중이다. 그러다 보니 내 강의나 저서 그리고 번역서에 관심을 가지는 사람들을 전국 여기저기서 만나게 되었고, 그 만남을 통해서 어느 정도 내가 지금 이 일을 하는 이유를 알게 되었다.

자신이 일단 시작한 일에 관해서는 반드시 사후적으로 합리화를 도모하기, 이것이 인간의 자연스러운 모습이다. 예컨대 강의를 한 번 빠지고 나면 계속 빠지고 결국 그만두는 까닭은 자신을 정당화하기 때문이다.

"나한테는 이번 강의가 아무래도 맞지 않는 것 같다."

"가르치는 방법이 별로야."

"박동섭 선생은 말도 빠르고 내용도 어려워서 강의 듣기가 어렵다."

"세 번이나 강의를 들었는데 아직 내 이름도 기억 못 하고······."

"딱 이거다 하는 처방전을 줬으면 좋겠는데 그것도 없는 것 같고……."

　이것은 실은 강의를 빠진 자신을 정당화하기 위해서 사후적으로 가져온 '이유 대기'이다. 하지만 본인은 무심코 이것을 받아들인다.

　그런데 오해해서는 안 되는 것 중 하나가, 뭔가 좋은 일이 있어서 강의를 빠지지 말고 들으라는 것이 아니다. 오히려 한 번도 빠지지 않고 강의를 듣는 자신을 정당화하기 위해서 우리는 좋은 일을 창작(나쁘게 말하자면 날조)하기 마련이고, 그러다 보면 온통 좋은 일만 생기기 때문이다. 내가 바로 그 '온통 좋은 일'이 생기는 사람의 최고 보증인이다. 남들이 절대로 하지 않는, 그리고 내가 왜 이런 일을 해야 하는지 이유를 잘 모르는 이런저런 일을 하다 보니까 ○○출판사같이 멋진 곳에서 ○○○ 대표님 같은 멋진 분으로부터 번역서 의뢰가 들어왔다. 급기야 "선생님과 교양서를 같이 내고 싶습니다"는 얘기까지 들었다. 이걸 나한테 일어난 '온통 좋은 일'이라고 하지 않을 수 있을까?

동사로서의
종교

 2013년 6월 부산을 찾은 우치다 타츠루 선생님의 첫날 강연이 지금은 없어진 '카페 헤세이티'에서 열렸다. 강연을 마치고 숙소인 해운대 조선비치호텔로 가기 위해 부산대 안 주차장으로 이동했다. 당시 부산대 정문 옆에는 쇼핑몰이 하나 들어와 있었다. 선생님은 대학 안에 쇼핑몰이 있다는 사실에 큰 충격을 받았다.

 "이 쇼핑몰은 영적으로 아주 취약한 건물로 느껴지네요. 설계를 담당한 사람 중에, 이 건물은 영적인 보호(protection)가 약하기 때문에 이런저런 불상사가 일어날 가능성이 있다는 점을 계획 단계에서 지적한 사람은 아마도 없었을 것으로 생각합니다. 영적인 보호에는 수치적·외형적으로 제시할 수 있는 증거가 없기 때문에 비즈니스맨의 머리로는 무리일 겁니다."

인간이 사는 공간에는 영적인 대비가 필수다. 영적인 대비를 하지 않으면 귀신 같은 것이 인간을 습격하기 때문이 아니다. 조금만 생각하면 알 수 있는데, 인간을 습격하는 것은 인간뿐이다. 인간이 살지 않는 영역에는 종교시설 같은 것이 없어도 문제없다. 그런데 인간이 사는 곳에는 인간의 우둔함과 사악함이 가능한 한 물질화되지 않도록 장치를 마련하는 것이 좋다.

영적 장치가 예방하고자 하는 상대는 귀신이 아니라 살아 있는 인간이다. 살아 있는 인간은 각각의 사회집단에 고유한 사생관·영혼관을 뼛속 깊이 내면화하고 있다. 그러한 종교적 억단으로부터 완전히 자유로운 사람은 세계 어디에도 존재하지 않는다. 인간이란 '죽은 자'라는 개념을 가짐으로써 다른 영장류와 차별화한 종이다. 죽은 자는 존재하는 것과는 다른 방식으로 살아 있는 인간의 삶에 관여한다 (内田樹(2011),《ラカンによるレヴィナス 他者と死者》, 文藝春秋).

사자를 옳게 모시지 않으면 '지벌'을 받는다는 신념을 갖고 있지 않은 집단은 세계에 하나도 없다. 무덤·성지·사원이 없고, 사자에 관한 신화를 후세에 전하지도 않으며, 누군가 죽어도 장례를 치르지 않는 사회집단은 지구상에 존재하지 않는다.

인간은 상(喪)의 의례를 지킨다. 그것이 다름 아닌 인간의 정의이기 때문이다. 인간은 존재하지 않는 것에 대해서도 정해진 예법에 따라서 커뮤니케이션을 시도하지 않으면 안 된다(물론 돌아오는 대답은 없지만). 인간이 일정 수 이상 사는 장소에 반드시 영적인 센터를 두고 '존재하지 않는 것'에 대한 배려를 계속 각성시키는 것은 인류학적으로 항명을 허용하지 않는 절대명령이다. 존재하지 않는 것을 존재하지 않는 것으로서 거기에 있게 하라. 이것은 벗어날 수 없는 인류학적 명령이다.

비즈니스맨은 존재하지 않는 것은 존재하지 않기 때문에 생각할 필요가 없다고 말한다. 그런데 그렇게 말하는 사람이 도시에서 영적인 센터를 계속해서 쫓아내고 있다. 스스로도 자기 말을 믿고 있지 않다. 진실로 믿고 있다면, 자기 선조의 묘를 벌써 버렸을 것이며 가족이 죽어도 장례를 치르지 않을 것이다. "왜 사체를 음식쓰레기 버리는 날에 버리면 안 되는가?"라고 시청에 큰소리로 따질 것이다. 사생활에서는 '존재하지 않는 것'의 지벌을 믿고 있음에도 회사에서는 존재하지 않기 때문에 배려할 필요 없다고 태연하게 주장한다. 그것은 존재하지 않는 것을 전혀 믿지 않기 때문이 아니라, 다른 형태의 존재하지 않는 것을 맹목적으로 믿기 때문이다.

회사에서 비즈니스맨은 화폐라는 신(이것도 어떤 '실체'로 존재하지 않는다)을 섬긴다. 이 '화폐라는 신'은 질투심이 매우 강해서 자기 이외의 신을 인정하지 않는다. 그리고 자신을 존재하는 것으로 부르라고 신자들에게 명령한다. "존재하지 않는 것은 존재하지 않는데, 존재하는 것은 존재한다"는 동어반복(tautology) 같은 주문을 화폐 신자들은 회사라는 성소(聖所)에서 매일 복창하고 있다. 즉 비즈니스맨은 회사에서는 회사의 신을 섬기고 집에서는 집의 신을 섬긴다. 이런 사람들의 태도를 과연 무신론이라고 쉽게 부를 수 있을까? 그들 또한 종일 존재하지 않는 것을 섬기고 있는데 말이다.

이런 일을 나쁘다고 말하는 것이 아니다. 어차피 섬기고 있으니 섬기고 있다는 사실을 솔직히 인정하라는 것뿐이다. "인간은 섬기는 대상이 없으면 한순간도 살아갈 수 없습니다"라고 솔직히 말하라는 것이다.

우치다 타츠루는 인간이란 "영적으로 부활한 느낌이 들면 매일 기분 좋게 일할 수 있다"고 늘 말한다. 레비나스가 말하듯이 "인간이 인간에게 저지른 죄는 아무리 신이라고 하더라도 대신할 수 없다." 똑같은 논리로 인간이 인간을 격려하고 치유하고 지원하는 일은 신이라고 하더라도 대신할 수 없다.

"신이라고 하더라도 대신할 수 없다"는 이 한 줄이 있어서 인간은 힘을 낼 수 있다. 인간이 '내게 인간적 책무가 맡겨져 있음'을 느끼기 위해서는 역설적으로 초월자를 경유하는 것이 필요하다. 그런 의미에서 인간이 인간이 되기 위해서는 아무래도 신령의 지원이 필요하다. 바꿔 말하면, 인간이 인간이 되기 위해서는 종교성이 필요하다. 그것이 바로 우치다 타츠루 종교론의 핵심이다. 그런 의미에서 신을 명사가 아니라 동사로 본 철학자 윤노빈의 말은 눈여겨볼 만하다.

그러면 무신론자의 주장대로 신은 없는 것인가? 그렇지 않다. 신은 없는 것도 아니다. 신은 존재하는 것도 아니며 없는 것도 아니다. 그러면 신은 허깨비나 유령이란 말인가? 그것도 아니다. 신은 신이다. 분명히 신은 신이다. 신은 있는 것(存在)이 아니라 살아계시는 것(生存)이다. 신은 존재하는 것으로서가 아니라 생존하는 것, 즉 행위(行爲)하는 것으로서 파악되어야 한다. 신은 있는 것이 아니라 행위한다. 행위하는 것이 신이다. 신의 존재 증명이라는 문제 자체가 성립할 수 없다. 오로지 신의 행위 증명이 문제로서 성립하며……'있는 신'은 행위하는 신이 아니라 죽은 신이다. 신을 존재로 파악하려던 온갖 시도들은 신의 존재를 증명한다기보다는 살아계신 신을 죽이려는 시도들이었다. 펜 끝으로는 죽은 신의 존재를 증명할 수 있을는지 모르나 신의 행위를 증명할 수는 없다. 신의 행위는 오로지 사람의 행위로써만 증명될 수 있다. 신의 존재에 관한 증명은 종이나 책 속에서 잉크의 흔적으로써 계속될 수 있으나 신의 행위에 관한 증명은 오로지 사람의 행위로써만 증명될 수 있다. 신은 살아계신 분이다. 신은 행위다(윤노빈(2003),《신생철학》, 학민사, 310~311쪽).

동사로서의 종교를 한마디로 요약하면, 인간은 human scale을 넘어선 것(그것이 극대이든 극소이든)을 경험함으로써 '인간이란 무엇인가'에 대한 이해를 깊게 하는 존재다. 프랑스 작가 베르나르댕 드 생피에르(Bernardin de Saint-Pierre)는 바다로 떨어지는 일몰을 응시하다가 신을 실감했다고 한다. 물론 신은 일몰 안에 실체 혹은 명사로서 존재하지 않는다. 신은 인간 세계 밖에 존재하지 않는다. 바구미의 세계에도 소립자의 세계에도 블랙홀 안에도 신은 존재하지 않는다. 인간이 신의 존재를 확신하는 것은 오히려 바구미와 소립자와 블랙홀에 닿을 때이다. 즉, 그것들을 대상으로 뭔가 행위할 때이다.

인간이란 자기 자신의 기원을 모른다. 하지만 자신의 기원을 모른다는 것을 알고 있는 존재다. 신에 의한 이 세계의 창조에는 입회하지 못했지만, 창조에 뒤처져서(레비나스는 이것을 숙명적인 뒤처짐이라고 불렀다) 등장했다고 아는 존재다. 인간의 삶 구석구석에 신이 깃든다고 믿는 것, 그것이 바로 동사 혹은 행위로서의 종교다.

가끔은
명사적 사고가 필요하다

"병이기 때문에 고치고 싶은 것이 아니라 고치고 싶으므로 병입니다."

우리가 얼마나 명사적 사고에 속수무책으로 묶여 있는지를 자각하고 그 굴레에서 잠시 **빠져나오면** 정신병에 대해서 요시다 오사미처럼 말할 수 있다.

병이라는 개념은 '고치고 싶다'는 실천적 요청과의 관련 속에서 비로소 성립합니다. 병이 객관적으로 먼저 있어서, 병이기 때문에 고치지 않으면 안 된다고 생각하는 것은 피상적인 사이비 합리주의적 사고입니다. 병이기 때문에 고치고 싶은 것이 아니라 고치고 싶으므로 병입니다. 말을 바꾸면 병-치료는 상관관계를 염두에 두고 다루지 않으면 안 됩니다. 이러한 사실은 실제의 진단 경과를 봐도 알 수 있습니다. 즉 본인(혹은 주위)의 고통이 먼저 있고, 고통을 제거하고 싶다(낫고 싶다)는 요구가 나오고 나서 의사의 진단 결과 '병'이라는 진단이 내려지는 것입니다.

즉 '고치고 싶다'는 실천적 요구가 선행합니다. 문제는 '누가' 고치고 싶은가입니다. 신체적인 질병은 주로 본인이 고치고 싶은 것이고, 정신병은 주로 사회(주위 사람들)가 고치고 싶은 것입니다(吉田おさみ(1982),《狂気からの反撃―精神医療解体運動への視点》, ASIN, p. 37).

파리나 모기를 흔히 해충이라고 부른다. 물론 해충이라는 실체가 파리나 모기 안에 내재하고 있어서가 아니다. 어디까지나 인간과의 관계에서 비로소 해충이 된다. 즉, 해충은 명사가 아니라 관계사다. 그런데 우리는 해충이 관계사라는 사실을 잊고 해충 안에 해충의 실체가 있다고 믿는다. 마치 장애인이라는 개체 안에 장애라는 실체가 있다고 믿는 것처럼. 그런데 오늘, 지난달 초에 장착한 임플란트의 정기 검진을 받다 보니 '가끔은 명사적 사고도 필요하지 않을까'라는 생각을 발작적으로 하게 되었다. 그 이야기를 해보자.

《야생의 사고》 첫머리에서 레비스트로스는 시베리아 부족들 사이에서 전해 내려오는 민간 의료를 예로 든다. 불임증에는 거미·하얀 풍뎅이·딱정벌레의 유충 먹기, 종양과 탈장에는 으깬 바퀴벌레와 닭의 담즙 먹기, 치통에는 딱따구리의 부리에 갖다 대기, 발열에는 박쥐의 포를 목에 걸기 등 다양한 요법을 소개한 뒤 언제나처럼 쿨하고 아이로니컬한 말투로 말한다.

> 이러한 지식은 실제적으로는 거의 유효성이 없다는 반론이 당연히 있을 것이다. 그렇다. 이 지식의 첫 번째 목적은 실용적인 차원에 있지 않다. 욕구를 충족시키기에 앞서서 그것을 대신해 지적요청에 응대하려는 것이다. 진정한 문제는 딱따구리의 부리에 갖다 대면 치통이 낫는지 안 낫는지가 아니다. 어느 시점부터 본다면, 딱따구리의 부리와 인간의 치아 사이에 상관관계를 세우는 것이 가능한지 아닌지를 아는 것⋯⋯그리고 이렇게 사물과 존재자를 뭉뚱그리면서 우주에 질서의 단서를 도입하는 것에 있다 (Claude Lévi-Strauss(2011), 《Tristes Tropiques(Penguin Modern Classics)》, Penguin, p. 35).

딱따구리의 부리를 중용하는 시베리아인도, 눈에 다래끼가 나면 발가락에 실을 매는 한국인도 인간인 이상 그들이 하는 행동은 본질적으로 그다지 다르지 않다. 모두 사물과 인간 사이의 상관관계를 구축함으로써 우주에 하나의 질서를 도입한다. 그것을 질서라고 말해도 좋고 평범하게 이야기(story)라고 해도 좋다. 인간은 질서 혹은 이야기를 주식 삼아 살아가는 희귀한 생물이다. 그래서 실제로는 거의 유효성이 없는 치료법이라도 환자 자신이 믿는다면 확실한 효과를 거둘 수 있다고 알려져 있다.

내가 생각하는 유능한 치과의사의 조건 중 하나는 결코 환자를 야단치지 않는 것이다. 그동안 내가 다녔던 대부분의 치과는 진료 뒤 이렇게 말했다.

"칫솔질 제대로 안 하셨죠? 치석이 정말 많네요. 거울로 한번 보여드릴까요? 이 어마무시한 치석들."

듣는 것만으로도 마음이 위축된다. 물론 의사 선생님의 말씀은 너무나 지당하다. 그런데도 환자인 나는 아프고, 치료의 통증을 참아야 하며, 고가의 진료비를 내야 하는 등 여러모로 부정적인 요인들을 떠안고 있어서 애당초 치과를 찾기 전부터 좋은 기분이 아니다. 거기에 불난 집에 부채질하듯 "이것은 모두 자업자득입니다"라는 말을 들으면, 계속해서 이 의사 선생님의 말씀을 믿고 내 구강 위생을 맡겨보자는 생각이 좀처럼 들지 않는다. 내가 치과를 선택하는 가장 중요한 조건은 치과에 가더라도 내 인격적 결함을 이러쿵저러쿵 말하지 않는 의사다.

인간은 참으로 약한 존재다. '이가 아프다'와 '나는 어리석은 존재다'라는 두 가지 사실(사실이라서 반론할 수 없는)을 동시에 직면할 수 있을 만큼 강한 인간은 별로 없다. 적어도 한쪽의 심리적 부하만큼은 해제해주는 의사가 필요하다. 그 점에서 내가 다니는 병원의 치과의사 K는 명의다. K 선생님은 모두 "이가 잘못한 것"이라고 말한다.

"아, 이 27번 치아는 더 이상 안 될 것 같습니다. 원래부터 약한 이였다는 이야기지요. 하지만 그래도 괜찮습니다. 다행히 26번 치아는 튼튼하니까 이것에 브리지를 하면 문제없습니다."

이런 식으로 환자인 나와 치료자인 선생님이 함께 '나쁜 이' 때문에 고통받는 공통의 수난자와 같은 포지션을 취한다. 바꿔 말하면 아픈 이를 적으로 만들어서 '우리 그 적에 맞서 함께 싸웁시다' 같은 이야기를 채용하는 것이다(이런 태도를 나는 이 책에서 명사적 사고라고 부르고 있다).

치과 진료를 받아본 사람은 알겠지만, 치아의 진료 행위는 기본적으로 아프다. 그 아픔을 당사자가 100퍼센트 받아들여야 한다고 생각할 때와, 그 아픔은 애당초 나와 관계가 없었는데 나쁜 이가 공격해서 내가 아프다고 생각할 때 '아픔의 의미'는 달라진다. 어떤 이야기를 채용하느냐에 따라 통증은 꽤 다르다. 통증에는 상당 부분 문화적인 요소가 들어 있다고 알려져 있다. 세계 어디를 가더라도 어느 시대에도 인간의 고통은 똑같다고 생각하기 쉽다. 그러나 그렇지 않다. 같은 병이라도 똑같은 아픔을 경험하는 것은 아니다.《통증의 역사》에서 로젤린 레이는 이렇게 말한다.

통증에는 문화적·사회적 요소가 침전되어 있다. 아픔의 의미는 시대에 따라서 다르고 문명에 따라서도 다르다. 서양문명이라는 좁은 영역 안에서도 통증의 한계는 변동하고 없어지는 경우마저 있다는 사실을 집단적인 기억은 전해준다. 자기 몸을 채찍질하는 잘못을 뒤늦게 후회하는 사람들, 발을 절단당한 후 다시 말을 타고 전선에 돌아온 나폴레옹의 러시아 원정군 병사, 다양한 고문으로 몸이 만신창이가 된 메다흐파의 신자들(그들은 벌겋게 달아오른 석탄불과 금속을 몸에 대고 글자를 새길 정도였다) 이야기……이러한 사례와 증언은 인간에게 있어 통증은 그 사람이 무엇을 믿고 있는지, 어떠한 철학적·종교적 문맥 안에 있는지에 따라서 좌우된다는 것을 잘 보여준다(Roselyne Rey(1995), 《The History of Pain》, Harvard University Press, p. 76).

통증은 실제로 손상을 입은 신체 부위에서 느끼는 것이 아니다. 신체 어떤 부위의 이상을 감지한 뇌는 신속한 대처가 필요함을 알리는 알람을 작동시킨다. 그것이 통증이다. 이 알람을 인간은 자기 사정에 맞춰 정지시킬 수 있다. 예컨대 사자에 쫓겨 전력을 다해 도망가는 상황을 생각해 보자. 우리는 심장과 폐와 다리 근육에 격한 통증을 느낀다. 달리기를 멈추지 않으면 몸에 나쁘다는 알락이 요란하게 울린다. 하지만 그 신호에 따라서 달리기를 멈추면 사자에게 잡아먹히고 만다. 사자에게 물어뜯기고 있을 때의 통증은 아직 실감으로 존재하지 않는다. 하지만 우리의 뇌 안에서 그것을 상상으로 앞당겨 맞이한다. 그 앞당겨 맞이한 고통스러운 공상의 이미지가 현실에서 느끼고 있는 신체적 고통을 압도한다. 해부학·생리학적으로 충분한 근거가 있는 '지금 바로 주행을 정지하고 신체를 쉬게 하라'는 통고는 무시되고 '상상으로 앞당겨 맞이한 통증'이 전신을 점령한다. 지금 여기서 현실로 느끼는 신체적 고통보다 상상으로 앞당겨 맞이한 고통이 더욱 실제적일 때 지금 느끼는 고통은 배경으로 후퇴하고 절실함을 상실한다.

그 점에서 K 선생님은 명의 중 명의다. 선생님이 꽤 아픈 치료를 하고 있음에도 나는 별로 통증을 느끼지 못한다. 그것은 아픔과 나 사이에 K 선생님이 과감하게 단절을 설정한 덕분이다.

"박 선생님은 원래 아무런 문제가 없는 분인데 고약한 이 때문에 이렇게 고통받는 겁니다. 우리가 같은 편이 돼서 힘을 합치면 이런 고약한 녀석을 물리칠 수 있습니다."

《야생의 사고》에서 레비스트로스는 주술 치료의 효과를 "이야기의 힘"이라고 말한다. 근대 의료에서도 이야기의 힘은 위력을 발휘하는 것 같다.

3부

몰역사적 개체에서
사회문화적 사이보그로

마리는 과연
요리를 만들었을까?

　7년 전쯤 내가 대학이라고 이름 붙은 곳에서 근무할 때 연구실을 정리하다가 〈1년간 요리 만들기 활동(1年間の料理づくり活動)〉이라는 제목이 붙은 DVD를 발견했다. 잠깐 하던 일을 멈추고 컴퓨터 앞에 앉아 DVD를 재생했더니, 첫 화면에 '현립후쿠이특수학교 교육 실천 기록'이라는 자막이 떴다. 일본 유학 시절에 이 학고에 근무하는 선생님에게 받은 것으로, 시간 날 때 한번 봐야지 하다가 깜빡 잊어버렸다. 내용은 후쿠이특수학교에 다니는 중복장애아 마리의 특수교육 실천 기록이다.

중복장애는 신체의 대부분을 스스로 움직일 수 없고 말도 거의 하지 못하는 상태를 일컫는다. 아무리 말을 걸어도 흥미와 관심을 표시하는 반응을 거의 보이지 않는(우리 눈에 그렇게 보이는) 것이 보통이다. DVD의 내용은 이러한 장애아 가운데 한 명인 마리가 요리를 만들었다는, 좀처럼 믿기 어려운 이야기였다.

다큐멘터리의 전개는 이렇다. 야마시타 선생님이 마리와 함께 누워서 책을 읽어주면 마리가 한 번씩 미미한 표정으로 반응한다. 아무래도 마리는 요리책을 좋아하는 것 같다. 그래서 요리책을 이것저것 읽다 보니 실제로 요리를 만들고 싶어졌다.

"자, 그럼 요리를 만들어보자."

나는 마리의 요리 만들기 기록을 보고 감동했다. 내가 감동한 이유는 중복장애아인 마리가 요리 만들기라는 어려운 작업을 해냈기 때문이 아니다. 오히려 단 한 장면에서도 '능력'이라는 말이 떠오르지 않았기 때문이다. 장애아를 대상으로 하는 일반적인 특수교육에서는 부족한 능력을 훈련시켜서 어느 정도 수준에 도달하게 하는 것을 교육 목표로 삼는다. 즉, 장애아의 능력 결여가 초점의 대상이다. 그런데 후쿠이특수학교의 두 시간짜리 교육 실천 기록 영상에서는 마리를 비롯해 그 누구도 능력 결여를 문제 삼지 않는다. 또한 어떤 훈련을 통한 능력 향상을 목표로 삼지 않는다.

"하고 싶은 것이 있다."

"어떻게 하면 할 수 있을까?"

"이렇게 하면 할 수 있을 것 같아."

"자, 그럼 그것을 먼저 시작해 볼까?"

다큐멘터리의 한 장면에서 다음 장면으로 넘어갈 때 삽입되는 자막과 내레이션이다. 아주 단순명쾌한 논리다. 마리와 야마시타 선생님은 힘을 합쳐 그것을 담담하게 실행한다. 마리가 즐기고 있다는 것을 어렴풋하게 알 수 있다. 그러면 야마시타 선생님은 기쁜 표정을 감추지 않는다. 시간이 걸리는 일이면 충분히 시간을 들이고, 손이 많이 가는 일이면 손이 많이 가는 대로 몸을 맡긴다. 당연한 것을 당연하게 받아들이며 함께할 수 있는 일부터 해나간다.

기록 영상을 보면, 요리 만들기의 모든 과정에서 마리는 자기 의사를 표명한다. 하지만 손발을 직접 움직인 사람은 야마시타 선생님과 친구들이다. 마리는 표정으로 한 번씩 거들었다고 할까? 이런 시각으로 본다면, 마리는 요리를 하나도 만들지 않았고 요리 방식을 학습조차 하지 않았다.

여기서 마리의 학습 여부는 잠시 미뤄두자. 학습의 개념을 다시 생각하는 준비운동으로서, 현실로부터 이론과 개념이 만들어지는 것이 아니라 이론과 개념 덕분에 현실이 보인다고 시점을 전환해 보면 어떨까? 즉, '반복해서 경험하면 사람의 행동이 바뀌는 것이 학습이다'라는 오래된 상식을 잠시 멈추고, 학습을 '사람의 행위나 현상을 보는 방식을 끼워 맞추는 형지(또는 참조 기준)'로 생각하자. 형지는 필요 없는 것을 잘라내거나 부족한 부분을 보충해서 사물이나 현상을 보기 쉽게 한다. 이렇게 학습을, 매일매일 접하는 다양한 현상 가운데 어떤 부분은 취하고 어떤 부분은 버려서, 우리가 가지고 있는 학습 개념에 대응하는 것만을 우리 눈에 보여준다고 시점을 전환하면 매우 흥미롭다.

심리학에서는 학습을 개개인이 머릿속에 특정한 체계를 갖춘 지식과 기능을 습득하는 것으로 정의한다. 여기서 말하는 특정한 체계란 이것을 학습했다고 명확하게 구분해서 담아낼 수 있는 것으로, 다른 체계와 조합하거나 다음 체계를 그 위에 축적할 것을 전제한다. 따라서 나중에 다른 체계와 쉽게 조합할 수 있도록 특정한 맥락과 상황으로부터 분리되어 일반적이고 추상적이어야 한다. 학습에 대한 이러한 관점은 학교에서 이루어지는 학습관과도 연동한다. 더불어 요즘 한창 교사 사이에서 유행하고 있는 '전문적 학습 공동체'에서 무자각적으로 전제하고 있는 학습관과도 연동한다.

일반적으로 학교에서는 교사가 전달하는 지식을 학생 스스로 머릿속에 집어넣는 것을 학습이라고 정의한다. 교과서에 쓰어 있는 내용을 참고해서 교사가 제공하는 수업을 가능한 한 머리로만 사고할 것을 요구한다. 테스트를 통해 학생이 쓴 대답은 익힘으로 해석되고 익힘의 정도에 따라 개개인을 평가한다. 이러한 학습관은 지식을 한 상황에서 다른 상황으로 옮길 수 있다고 보는 지식의 운반 가능성을 전제로 한다. 또 학교에서 학습한 결과로 얻은 지식은 원래 그것이 발생한 상황이나 맥락과 관계없이 패키지 형식으로 전달됨으로써 일반화의 가능성을 높인다. 추상도가 높을수록 운반과 일반화의 가능성은 높아진다. 학교에서 암묵적으로 전제한 학습관에 익숙한 사람이라면, 당연히 마리가 아무런 학습도 안 한 것처럼 보일 것이다.

마리의 요리 만들기를 일련의 요소 동작에 따른 구성으로 정의하고 요리를 요소 동작의 확실한 실행에 따른 달성으로 본다면, 마리는 결코 요리를 만들었다고 할 수 없다. 주류 심리학에서 정의하는 학습이라는 형지와 학교에서 전제로 하는 학습관을 적용한다면, 마리는 아무것도 학습하거나 배운 것이 없다. 반면, 요리 만들기를 마리라는 개체 수준의 변화라는 시점에서 탈피해 관계 속에서 달성한 하나의 문화적 실천(cultural practice)으로 정의한다면, 마리는 훌륭하게 요리 만들기를 달성했다고 볼 수 있다. 엄밀히 말해 다리는 사회문화적 진공 상태에서 요리를 만든 것이 아니라, 개인의 능력과 무능력에 초점을 맞추지 않는 후쿠이특수학교라는 실천 공동체(community of practice)에서 다른 사람들과 함께 요리를 만들었다.

대체로 일반 학교의 교실이라는 실천 공동체의 참가자가 되는 것은 한 명의 개인으로서 얼마만큼 빨리 문제를 푸느냐와 관련 있다. 이에 반해 후쿠이특수학교의 교실은 무슨 일이든 혼자가 아니라 함께하는 방식으로 실천 공동체를 만들고 유지한다. 그럼 함께하지 않는 구성원이나 비참가자가 오히려 모두에게 가시화된다. 아울러 이런 활동을 통해서 교실의 구성원들은 서로를 실천 공동체의 구성원으로 인정하고 인정받는다.

처음에 마리가 만들고 싶어 한(실은 야마시타 선생님이 마리의 표정에서 읽어낸) 요리는 햄버거였다. 마리가 햄버거를 만들고 싶어 하는 것을 야마시타 선생님이 알아내는 과정은 다음과 같다.

야마시타 (요리책을 펼치면서) 마리, 어떤 요리를 함께 만들어볼까?

마리 (희미하게 웃는 것처럼 보인다.)

야마시타 (요리책을 한 장씩 넘기면서 꼼꼼히 마리에게 물어본다.) 메밀국수를 만들어보면 어떨까?

마리 (표정은 미미하지만 '아니'라는 몸짓을 하는 것으로 보인다.)

야마시타 (마리의 표정을 보고 미소 지으며) 그럼 계란덮밥은 어때?

마리 (순간 흥미를 보이는 듯싶었지만, 이내 '아니'라는 말을 하는 것처럼 보인다.)

야마시타 (빙긋이 웃으며 한참 동안 요리책을 뒤적거리더니) 그럼 이건 어떨까? 과감하게 햄버거를 같이 만들어보는 거야. 마리, 어때?

마리 (어렵게 몸을 약간 들썩이며 이전과는 다른 표정으로 야마시타 선

생님을 본다.)

| 야마시타 | (아주 크게 웃으며) 그래, 마리는 햄버거를 만들고 싶었던 거구나! 그럼 햄버거 만들기로 결정! |
| 마리 | (미미하지만 미소를 짓는 것처럼 보인다.) |

후쿠이특수학교에서는 무슨 일이든 늘 함께 수행함으로써, 그리고 능력이라는 필터를 개인에게 들이대지 않음으로써 개체의 능력 또는 무능력 같은 오랫동안 심리학에서 실체(명사)로 다루어온 내용을 가시화하지 않는 실천 공동체를 창조하고 유지한다. 마리와 야마시타 선생님은 햄버거 만들기에 필요한 재료를 구매하기 전에 다진 고기, 양파, 감자 등 쇼핑 목록을 작성한다. 이 과정에서 독록을 작성한 사람은 야마시타 선생님이다. 하지만 마리가 필요하다고 생각한 재료들을 선생님이 마리의 표정과 몸짓에서 꼼꼼히 읽어 낸 것이므로, 어디까지나 야마시타 선생님과 마리의 공동 작업이라고 할 수 있다.

다음은 마리가 야마시타 선생님과 시내에 있는 슈퍼마켓에 가서 함께 요리 재료를 사는 장면이다. 야마시타 선생님이 휠체어를 밀고 가다가 마리가 재료에 눈길을 주면 발걸음을 멈추고 마리에게 확인하면서 재료를 산다.

| 야마시타 | (다진 고기를 사고 감자가 있는 코너로 이동해서 마리를 보고 확인 |

하며) 이번에는 감자를 사야지?

마리 (미미한 몸짓이지만 끄덕이는 것처럼 보인다.)

야마시타 (감자를 쇼핑 카트에 담고 양파 코너로 이동한다. 그리고 마리를 보고 확인하며) 물론 양파도 사야지?

마리 (아까처럼 미미한 몸짓을 보인다. 그런 다음 아주 힘겹게 양파 옆에 있는 당근을 보는 것처럼 보인다.)

야마시타 작성한 목록에 당근은 없는데……. (마리에게 목록을 보여주면서) 당근은 사지 않아도 되지?

마리 (미미하지만 표정과 몸짓이 '아니'라고 하는 것처럼 보인다.)

야마시타 (마리의 표정과 몸짓을 확인하고) 그럼 당근도 살까?

마리 (목을 미미하게 옆으로 끄덕인다.)

야마시타 (빙긋이 웃으며) 당근 당첨!

슈퍼마켓에서 햄버거 재료를 구매하는 일은 (비록 교실은 아니지만) 특정한 상호행위를 통해서 공동 활동을 중시하는 후쿠이특수학교의 실천 공동체를 창조하고 있다. 특정한 실천을 통해 공동체의 구성원이 되어가는 과정과 관련해서 레이브와 웽거는 다음과 같이 말한다.

이런 종류의 구성원이 된다는 것(Becoming a member such as those)이 구체화된 도달점이다. 그것은 목표, 과제, 지식 획득과 같은 좁고 단순한 말로 표현하기에는 너무 복잡하다. 특정한 실천에 참가하는 당사자에게는 그것을 설명할 수 있는 말이 없을지도 모른다. 여기에 암묵적인 가정이 있다면, 모든 복잡한 의미에서 숙련의 정체성 말고는 없다(Jean Lave and Eugene Wenger(1991), 《Situated Learning: Legitimate peripheral participation》, Cambridge University Press, pp. 12~13).

레이브와 웽거의 관점에 기초하면, 마리와 야마시타 선생님이 슈퍼마켓에서 재료를 구매하는 실천을 통해 공동으로 달성한 것은 지식을 획득했다든지 물건 구매하는 방법을 알았다든지 하는, 개체 수준의 닫혀 있는 문제가 아니다. 닫혀 있는 분석 단위를 바깥, 즉 사회·문화·제도라는 수준으로 활짝 열어젖히면 참가자들은 부단히 특정 활동 및 상호작용을 수행함으로써 실천 공동체를 구성하고 함께 그 공동체의 구성원이 되어가는 것이 우리 눈에 가시화된다.

나중에 안 사실이지만, 마리네 집에서는 햄버거를 만들 때 당근을 넣는다. 이런 식으로 충분히 시간을 들여 쇼핑을 마치고 드디어 요리를 만든다. 쇼핑이라는 실천에서도 직접 재료를 구입한 사람은 야마시타 선생님이지만, 그것은 어디까지나 마리의 의도와 기호가 포함된 공동 작업이었다. 이처럼 마리는 햄버거를 만들겠다는 의사를 확실하게 표명했고, 그것에 필요한 다양한 활동을 시도해 결과적으로 햄버거를 완성했다. 그 과정에서 야마시타 선생님을 비롯해 많은 사람의 도움을 받은 것은 분명하지만, 완성한 햄버거는 다름 아닌 마리의 (당근이 들어간) 햄버거였다.

이제 완성한 햄버거를 구성원들이 같이 먹으며 즐거움을 나누는 장면으로 바뀐다. 그리고 일주일 뒤에 마리가 도전한 요리는 삶은 달걀, 그다음은 카레라이스와 볶음밥으로 이어졌다. 이 일을 토대로 학교에서는 편지 주고받기와 요리 일기 쓰기 등이 이루어졌다. 다큐멘터리는 아이들과 교사들, 부모들의 이러한 교류가 활발해진 1년 동안의 실천 과정을 담고 있다.

여기서 잠깐, 우리가 일상에서 하는 요리 만들기를 음미해 보는 것은 어떨까? 가족에게 "오늘 저녁은 아빠가 햄버거를 만들 거야"라며 햄버거를 만든다고 치자. 그리고 양파를 다지는 실천을 떠올려 보자. 다음과 같은 대화가 가능할 것이다.

"양파는 당신이 길렀나요?"

"아뇨, 슈퍼마켓에서 사 왔습니다."

"식칼은 본인이 만들었나요?"

"아뇨, 예전에 마트에서 샀어요."

"냄비는요?"

"이것도 역시 마트에서 샀습니다."

"만드는 방법은 스스로 생각했나요?"

"아뇨, 레시피를 검색해서 참고했습니다."

"그러면 햄버거를 당신 혼자 만들었다고 할 수 없겠네요?"

"음……, 듣고 보니 그러네요."

마리는 햄버거를 만들 때 특정한 실천 공동체에서 다양한 도구와 사람들로부터 많은 도움을 받았다. 겉으로 보기에는 혼자서 햄버거를 만들었지만, 나도 사실은 특정한 실천 공동체(개인을 능력이라는 실체를 소유한 존재로 다루는 많은 곳)에서 도구와 주위 사람들로부터 많은 도움을 받았다. 그런데도 마리는 혼자서 햄버거를 만든 사람으로 인정받지 못하고, 나는 혼자서 만들었다고 자타가 공언할 수 있는 까닭은 무엇일까?

여기에는 햄버거 만드는 과정을 요소 동작으로 분해하고 이것들을 하나씩 쌓아서 달성하는 것을 일종의 학습으로 보는 관점이 전제되어 있다. 이러한 관점은 근대 공업 사회의 벨트컨베이어 방식 생산 공정에서 유래한다. 이 방식은 노동자에게 요소 동작인 순서의 확실한 실행만이 중요하며, 가능하면 그것을 혼자 실행하도록 요구한다. 이처럼 정확한 순서의 실행으로 실현되는 사회는 모든 것이 교환 가능하다. 할당된 요소 동작만 실행할 수 있으면 노동자는 누구라도 상관없고, 생산한 제품은 모두 똑같으므로 교환 가능하다. 따라서 노동자에게 교환 가능한 인간(부품)이 되기 위해 교환 가능한 요소 동작을 확실히 실행할 것을 요구하며, 그렇게 되도록 훈련하고 평가하고 선별한다. 이런 사회에서 교환 가능한 부품이 되지 못하는 장애인은 필연적으로 낙오자가 된다.

후쿠이특수학교라는 실천 공동체에 사는 아이들에게 만약 다른 실천 공동체의 산물인 능력이라는 필터를 갖다 대면 거의 모든 항목에서 안 되는 것들뿐이다. 근대의 산물인 능력이라는 필터를 벗어던지기 위해서는 '이것은 원래부터 있던 것이 아니'라고 솔직하게 인정해야 한다. 능력은 근대 사회가 다양한 상품을 특정한 생산 방식(벨트 컨베이어)으로 교환 가능하게 제조하는 과정에서 편의상 구성한 시스템에 지나지 않는다. 우리가 확고부동하게 여기는 신념과 달리 원래부터 존재했던 것이 아니다.

세계는 단순히 객관적·물리적 환경이 아니라 인간의 활동으로 이루어진 산물, 즉 문화적 환경이라고 비고츠키는 말한다. 마치 손에 잡힐 것만 같은 이 세계는 무미·무취한 물리적·지정학적 환경이 아니라, 인간이 디자인한 인간의 활동을 위한 환경이다. 예컨대 지구 어디에도 국경선은 그어 있지 않지만 우리는 그것을 존재하는 어떤 실체로 생각하게끔 하는 활동을 부단히 수행하고 있다. 능력 또한 마찬가지다. 능력은 원래부터 개체에 붙박여 있는 것이 아니다. 개체에 초점을 맞추어 말하는 행위, 평가 같은 활동을 부단히 하다 보니 우리 눈에 어떤 실체로 보이는 것뿐이다.

허구와 현실의
다툼

 1895년 12월 28일 프랑스 파리의 그랑 카페 지하 살롱에서 뤼미에르(Lumière) 형제는 시네마 클럽 상영회를 개최했다. 이날을 영화 탄생일로 보는 것이 영화사의 통설이다. 영화사의 벽두를 장식하는 〈공장의 출구〉, 〈열차의 도착〉 등이 상영되었다. 이 최초의 영화와 관련해 우리는 반복해서 다음과 같은 일화를 들어왔다.
 〈열차의 도착〉에서는 스크린 안쪽에서 기관차가 마치 관객 위를 덮치듯 다가왔다. 관객들은 기차에 깔리는 것은 아닐까 걱정했다. 조르주 사둘(Georges Sadoul)은 《필름의 사전(Dictionary of Films)》에서 관객들이 놀란 이유를 "그들은 자신들이 보고 있는 것과 카메라가 포착하고 있는 것을 동일하다고 생각"해서라고 설명한다. 나는 이 설명을 의심 없이 받아들였다.

나는 오랫동안 〈열차의 도착〉은 열차가 기적을 울리고 곧바로 카메라를 향해 오는 영상일 것이라고 믿었다(보통 누구라도 그렇게 생각할 것이다). 그러나 우연한 기회에 이 영화를 보고 기묘한 실망감을 느꼈다. 열차는 곧바로 카메라를 향해 오지 않았다(조금만 생각하면 당연한 일이지만). 카메라는 플랫폼 위에 있고 열차가 화면의 왼쪽을 통과할 뿐이었다. 시야의 왼쪽을 통과하는 열차는 나에게 어떠한 공포감도 주지 않았다.

130여 년 전의 관객은 지금 사람들보다 순진해서 왼쪽을 통과하는 열차가 자신을 덮치는 것처럼 보였을 것이라는 설명을 나는 받아들일 수 없다. 당시 사람들도 플랫폼에 도착하는 열차를 본 적이 있었을 것이다. 플랫폼에서 바라본 〈열차의 도착〉은 일상적으로 친숙한 광경이다. 그것이 보는 사람에게 공포감을 주었을 리 없다. 이 패닉 상태는 좀 다른 방식으로 설명하지 않으면 안 된다.

그런데 이 일화에 대한 설명의 옳고 그름을 떠나 그들이 강조하는 것을 별 무리 없이 이해할 수 있다. 다름 아닌 영화 이전과 이후 사람들 사이에는 세계가 보이는 방식에 근본적인 차이가 존재한다는 점이다. 영화 이전에도 물론 그림과 사진은 존재했다. 당시 사람들은 타인의 눈으로 바라본 현실을 자기 눈으로 바라보는 우회적 경험을 이미 하고 있었다. 그래서 색이나 음이 일어나지 않는 밋밋한 단색의 화상을 누군가 바라본 현실을 재현한 것으로 받아들이는 것은 그다지 어렵지 않았다.

영화와 사진의 결정적인 차이는 움직임에 있다. 뤼미에르 형제의 상영회를 본 신문기자 불러는 이 메커니즘을 이렇게 말했다. "사진은 정지화상을 그만두었다. 지금의 사진은 움직이는 화상을 전한다. ……앞으로는 누구라도 자신과 친숙한 사람들을 사진으로 찍을 수 있다. 정지했기 때문이 아니라 그 움직임 속에, 그 활동성 속에, 입술에 말을 얹은 그 친숙한 몸짓 위에 죽음은 더 이상 절대적이지 않게 되었다(James Buhler(2015), 《Hearing the Movies: Music and Sound in Film History》, Oxford Univ Press, p. 37)."

이 기사는 영화 이전과 이후의 감수성 단절을 잘 묘사하고 있다. 영화 이전 사람들에게 움직이는 것은 눈앞에 있는 것, 눈앞에 있어서 살아있는 것을 의미했다. 움직이는 것은 늘 자기 눈으로 볼 수 있었다. 영화 이전에 타인이 바라본 움직이는 세계란 존재하지 않았다. 그래서 인류 최초의 영화 관객이 먼저 학습하지 않으면 안 되었던 것은 움직이고 있긴 한데 눈앞에 있지 않은 화상이 존재할 수 있다는 사실이었다. 그렇다면 이 사실을 실시간으로 계속 학습한 최초의 관객들 앞에는 당장 두 가지 종류의 세계가 출현한다.

우선 의자, 다른 관객, 영사기, 영사기사가 있는 살롱의 현실이 하나의 세계를 구성한다. 그리고 스크린에 비치는 〈열차의 도착〉이 또 하나의 세계를 구성한다. 한쪽은 자기 눈으로 보는 세계 a 고, 다른 한쪽은 타인의 눈으로 본 세계 b다. 영화를 본다는 행위는 요컨대 세계 a를 지우고 세계 b에 신체를 동조시키는 것이다. a에서 b로의 이동, 현실로부터 허구로의 점프가 바로 영화 보기다. 이러한 전위를 위해서는 세계 a의 현실감을 희박하게 해야 한다. 이 전위 과정은 그다지 어렵지 않다. 영화 상영 시, 마치 정신분석의가 마련해 둔 카우치에 눕는 것처럼 의자에 깊게 몸을 맡기고 암운이 의식을 반 정도 마비시켜 잠든 것과 비슷한 상태로 관객을 유도하면 된다. 실제로 당시 관객은 곧바로 이 전위 동조에 성공해서 영화를 즐길 수 있었다.

그러나 여기에 문제가 남는다. 전위 동조에 성공했다면 왜 인류 최초의 영화 관객은 패닉 상태에 빠졌을까? "사람들은 기차가 자신들 쪽으로 달려왔기 때문에 비명을 지르고 도망가고, 부인 중에는 기절하는 사람도 나왔다"는데, 그 이유는 무엇일까? 신문기자 불러의 설명처럼 "자신들이 보고 있는 것과 카메라가 포착하고 있는 것을 동일하다고 생각"했다면 그들이 공포를 느낄 리 없다. 반복해서 말하지만, 카메라는 플랫폼 위에 고정되어 있었다! 오히려 관객들이 공포를 느낀 까닭은 불러의 설명과 반대로, 자신들이 보고 있는 것과 카메라가 포착하고 있는 것을 같다고 생각할 수 없었기 때문이다. 전위와 동조의 방식을 제대로 습득하지 못해서 스크린에 비치는 것에 충분한 현실감을 가질 수 없었다.

이렇게 가정해 보자. 당시 관객들은 카메라의 눈에 동조할 수 없다(관객은 플랫폼 위에 없다). 또한 관객들이 있는 살롱 안은 어두워서 그들이 살롱으로부터 받아들이는 감각 정보는 충분한 현실감을 제공하지 못한다(그들은 살롱에도 없다). 관객들은 현실감 없는 두 가지 세계에 동시에 속해 있다. 그러나 두 세계 어디에도 적절한 방식으로 속해 있지 않다. 이때 열차가 도착한다. 화면 왼쪽으로 사라지는 열차는 느닷없이 살롱의 오른쪽 벽면에서 출현한다. 두 가지 세계 즉 현실과 영화 속 세계에 동시에 속해 있고, 두 세계를 똑같은 정도의 현실감으로 사는 자만이 공황 상태에 빠질 수 있다. 이 에피소드가 우리에게 가르쳐주는 것은 '현실을 압도하는 허구'라기보다 오히려 '허구와 현실의 다툼'이다. 카메라의 눈에 동조할 수 있는 쾌락보다 카메라 눈에 동조할 수 없는 불안이다.

스크린에 매료당하는 자는 자기의 고유한 감각계로부터 이탈해 다른 감각계로 이동한다. 나의 신체로부터 타자의 신체로의 이행, 그것을 영화는 직접적인 방식으로 요구한다. 세계 a로부터의 이륙과 세계 b로의 착지. 이 감각 모드의 전환 프로세스 안에 영화적 경험은 응집되어 있다. 뤼미에르 형제는 그것을 직관적으로 간파하고 있었다. 나 자신으로 있으면서 타인의 시각을 통해서 다른 현실을 바라보는 경험. 바로 영화를 볼 줄 아는 사회문화적 사이보그가 탄생한 순간이다. 이것이야말로 영화가 가져오는 최대의 쾌락이라고 뤼미에르 형제는 제대로 직시하고 있었다. 뤼미에르 형제가 사람들에게 친숙한 실제 풍경의 영사에 이어서 막대한 여행 기록영화를 조직적으로 축적한 이유다.

1896년 4월부터 오십 명 정도의 기사들이 세계로 흩어졌다. ……이 기사들은 지구를 구석구석까지 주파해서 믿기 어려울 정도로 많은 양의 화상을 수집했다. 1897년에 358개(1907년에 2,023개)에 달했고, 이국 취미를 추구하는 관객 앞에서 상영되었다(James Buhler(2015), 《Hearing the Movies: Music and Sound in Film History》, Oxford Univ Press, p. 76).

여기서 서둘러 지적하지 않으면 안 될 것이 있다. 이국적 풍경의 감상이라는 호기심은 19세기 유럽에 징후적인 양상이었다. 자연을 자연으로 감상하는 것은 유럽에서 근대에 탄생한 태도라는 사실을 역사가 스텔라 원더리는 가르쳐주고 있다. "상업과 순례와 학문을 위해서가 아니라 단지 풍경을 보기 위해서만 여행하는 것도 또한 새로운 감성의 탄생을 뒷받침하고 있다(Stella Wonderly(2020), 《Cinemastrology: The Movie Lover's Guide to the Sun, the Moon, and the Stars》, Running Press Adult, p. 35)." 2021년을 살아가는 우리가 당연하게 여기는 '단지 풍경을 보기 위해서만 여행하는' 행위 또한 역사적으로 만들어진 것이다.

풍경의 인공적 재현도 이 풍경의 발견과 같은 감성을 갖고 있다. 원형 건물의 내부 벽에 투시도법에 의한 전망화를 그린 파노라마(panorama)와 거기에 광학 장치를 가미해서 입체감을 부여한 디오라마(diorama)는 19세기가 만들어낸 전형적인 오락거리다. 제임스 불러는 이렇게 말한다. "현실을 모방한 이미지를 도시의 일반 시민이 돈으로 사서 감상하는 상황이 만들어졌다. 파노라마와 디오라마라는 장치는 풍경을 소비해야 하는 이미지로 유통되었다(James Buhler(2015), 《Hearing the Movies: Music and Sound in Film History》, Oxford Univ Press, p. 33)."

뤼미에르 형제의 여행 기록영화는 움직이는 디오라마다. 쾌적한 안락의자에 앉아서 바라보는 이국의 풍경, 그 취향은 동시대의 사회적 감수성과 깊은 친화성을 갖고 있다. 뤼미에르의 촬영기사들은 앞다투어 변경(邊境)을 취재했다. 영상 데이터(이국의 풍경)의 막대한 축적을 가능케 한 프랑스인의 심미적 호기심과 인도차이나반도에 식민지 제국을 경영하던 국제 정치 감각은 동전의 양면이었다. 뤼미에르 형제가 파견한 촬영기사 중 한 명이 메이지 일본을 촬영하기 전 인도차이나반도에서 〈동전을 줍고 있는 베트남의 아이들〉을 찍었다. 하얀 드레스를 입은 두 명의 서양 부인이 몰려든 아시아 아이들에게 마치 비둘기에게 콩을 주듯이 동전을 뿌리는 광경이다. 이 영상은 아시아 아이들을 작은 동물로 바라보는 프랑스인의 시선을 무방비로 노출한다.

움직이는 디오라마로서 뤼미에르 형제의 영화들은 슬플 정도로 근대적이다. 형제의 초기 필름은 '홈 무비'다. 〈공장의 출구〉는 사진 제품 제조 공장의 인부, 〈아기의 식사〉는 뤼미에르의 가족, 〈열차의 도착〉은 플랫폼을 걷고 있는 형제의 어머니를 찍고 있다. 친숙한 사람들이 움직이는 모습을 영상으로 기록해서 정겨운 가족의 미소를 반복해서 재현하는 것, 더는 거기에 없는 사람을 가족의 일원으로 기억하고 연관성을 갖게 하는 것, 마음 따뜻해지는 가족애가 뤼미에르 형제 영화의 주제다. 뤼미에르 형제의 상영회를 보도한 어느 신문은 이렇게 강조했다. "이전에는 언어에 의해서 과거를 재현했다. 그런데 현대에는 인생 그 자체를 재현할 수 있다. 예를 들면 죽고 나서 시간이 지난 가족과도 재회할 수 있을 것이다(James Buhler(2015), 《Hearing the Movies: Music and Sound in Film History》, Oxford Univ Press, p. 38)."

필리프 아리에스에 의하면 〈가족의 초상〉의 취향 의식은 "가족 의식"의 성립과 떼려야 뗄 수 없다. 아리에스는 중세에 가족 의식은 인식되지 않았고 "15~16세기에 탄생해 17세기에 결정적으로 정착해서 표현되게 이르렀다"고 쓰고 있다(Phillippe Ariès(1965), 《Centuries of Childhood: A Social History of Family Life》, Vintage). 그에 따르면

"밥을 먹고 있는 아기를 부모가 따뜻한 미소로 바라보고 있는" 화상이 유의미한 기호로서 인지되는 것은 18세기 말 이전에는 없었다. 즉, 18세기 말에 이르러서야 비로소 가족 의식을 인식하는 사회문화적 사이보그가 탄생했다. 가족 의식을 배양하는 움직이는 초상화, 먼 이국의 영상 컬렉션을 감상하는 움직이는 디오라마, 좀 닳고 닳은 어휘 꾸러미를 사용하면 가족과 제국주의라는 근대적 시스템은 영화의 탄생 순간에 이미 필름 위에 각인되었다.

사회문화적 사이보그인
나

    곧바로 외워야 할 전화번호를 누군가에게 들었을 때 우리 마음속에는 어떤 욕구가 일어날까? 아마 다음 네 가지 중 하나일 것이다.

  ① 수첩을 꺼내서 필기구로 메모한다.
  ② 휴대폰에 입력한다.
  ③ 손에 아무것도 없으면 머릿속으로 전화번호를 반복한다.
  ④ '전화번호를 문자 혹은 톡으로 보내주세요'라고 상대방에게 요구한다.

    그렇다면 이건 어떨까?

⑤ 내 머릿속에는 기억 메모리칩이 있어서 자동 저장된다. 그러므로 누군가의 말을 굳이 귀담아듣거나 메모하지 않아도 나중에 칩만 작동시키면 전화번호가 자동 재생되니 ①~④와 같은 원시적인 방법은 사용하지 않는다.

2021년을 사는 사람에게 ⑤번과 같은 욕구는 일지 않을 것이다. 선택지는 거의 ①~④ 중 하나일 테다. 이처럼 우리 일상을 자세히 들여다보면, 욕구는 사회·문화·역사적 조건에 따라 한정된다는 것을 자각할 수 있다. 욕구는 그 행위를 가능하게 하는 도구와의 관계 속에서 일어난다.

물론 '이런 게 있으면 좋겠다'는 몽상은 한계를 넘어 존재한다. 시대와 환경 조건을 넘은 몽상이 때론 도구와 기술 개발의 원동력이 되기도 한다. 그러나 일상에서의 욕구는 이용할 수 있는 도구의 범위를 넘지 못한다. 프랑스의 과학사회학자 미셸 칼롱(Michel Callon)은 "사람들이 추구하거나 생각에 도달하거나 느끼는 것은 그들이 가진 사회·기술적 환경에 의해서 결정된다"고 말했다.

한국에 방영된 적 있는 드라마 〈닥터 진〉. 일본 작가 무라카미 모토카(村上もとか)의 만화가 원작이다. 일본에서는 2009~2010년 후지 텔레비전에서 〈仁(JIN)〉이라는 제목으로 방영되었다.

2009년 어느 날 도쿄의 대학병원 뇌외과 의사 진은 머리를 다친 환자를 수술한다. 이 환자의 머릿속에서 태아 모양의 종양을 발견하고 제거 수술에 성공한다. 진은 종양을 신기하게 여겨 실험실에 보관한다. 수술이 있던 날 밤, 진은 종양을 들고 도망가는 환자와 맞닥뜨린다. 그 순간 불가항력으로 1862년의 에도 시대로 시간 여행을 떠난다.

좌충우돌하며 에도 시대의 삶을 살던 진은 저잣거리에서 말발굽에 머리를 차여 다친 여인을 수술한다. 평소 같으면 식은 죽 먹기였을 간단한 수술이다. 하지만 불행히도 그곳은 1800년대 에도의 시장 바닥이었다. 무엇보다 마취제가 없어 큰 곤란을 겪는다. 진은 결국 마취제 없이 머리에 난 상처를 꿰매는 수술을 시작하고, 여인은 죽을 것 같은 고통을 호소하다 기절한다. 진은 여인의 혼절을 목도하면서 자신의 무능을 뼈저리게 자각한다. 다행히 수술은 여인의 어린 아들이 울면서 부르는 〈말로 하는 마취제〉(에도 시대 사람들이 통증을 잊게 한다며 서로 불러주던 노래) 덕분에 무사히 마칠 수 있었다. 진은 수술 뒤 2009년의 도쿄에 두고 온 사랑하는 연인을 그리워하며 혼잣말을 읊는다.

미키.
믿을 수 없겠지만 난 지금 에도에 있어.
수술하면 살인자로 몰리는 세상에서
만족스러운 도구나 약도 없이
수술해야 하는 처지가 되어버렸어.
너무 간단한 수술이라서 2009년의 세상이라면 실패할 리가 없는 그런 수술이 여기에선 생사를 건 고투가 되고 말아.

내가 지금까지 수술을 성공시켰던 건 내 실력이 아니었어.

지금까지 누군가가 만들어놓은 약과 기술, 설비나 지식이었어.

그런 모든 걸 잃어버린 난,

통증을 줄이며 꿰매는 법 하나 모르는 돌팔이였어.

14년이나 의사를 하고도 난 몰랐어.

내가 이렇게 보잘것없는 존재라는 걸 몰랐어.

진의 독백에 나오는 "14년이나 의사를 하고도 난 몰랐어"는 심리학의 주제인 '주체 혹은 주체성은 무엇인가'에 관한 중요한 힌트를 제공한다. 진이 수술할 때와 마찬가지로 우리는 뭔가를 하고자 할 때, 그러니까 슈퍼에서 물건을 사고 나서 계산할 때, 친구에게 연락할 때, 책을 어디까지 읽었는지 찾을 때 언제나 빈손이 아니다. 늘 내 밖에 있는 도구에 의존한다. 인간은 이렇듯 의존하기 위한 도구, 즉 인공물(artifact)을 지금까지 만들어왔고 앞으로도 만들 것이다. 부정할 수 없는 이 사실은 인간의 주체성이 타고난 몸뚱이만으로는 성립하지 않으며 설명 불가능하다는 사실을 가르쳐준다.

주체는 행위하는 바로 그 존재다. 손가락에 골무를 끼고 책의 특정 쪽을 펼칠 때 그 주체는 과연 무엇일까? 손 골무를 꼈을 때와 끼지 않았을 때 책을 펼치는 행위가 달라진다면, 개인만으로는 행위하는 존재, 즉 주체가 될 수 없다.

'343×822'. 만약 이 문제를 풀어보라고 하면 여러분은 281,946이라는 답을 어렵지 않게 내놓을 것이다. 어떻게 이 답이 나왔는지를 물으면 "343에다가 822를 곱했습니다. 계산법은 다음과 같습니다"라고 답할 수 있다.

```
    343
   ×822
  ─────
    686
    686
   2744
  ─────
=281946
```

그런데 여기서 한 가지 더 묻고 싶다. "문제를 푼 것은 정말로 당신(고립된 개인)입니까?" 돌아오는 대답은 "내가 이렇게 곱셈하는 것을 당신이 눈앞에서 봤잖아요"일 것이다.

지금 던지는 물음의 의미를 더 정확하게 이해하기 위해 계산 절차를 약간 바꿔보자. 예컨대 '343×822'를 앞에서 사용한 세로 셈 말고 가로 셈으로 풀게 하면 어떻게 될까? 몇 년 전 큰아이(당시 초등학교 4학년)에게 그렇게 풀어보라고 했더니 불편해하며 반발했다. 대부분 사람은 복잡한 곱셈·나눗셈을 가로 셈으로 푸는 걸 곤란해한다. 설령 이 문제까지는 풀지 몰라도 단위 수가 많아지면 세로 셈 방식을 사용하지 않고는 거의 답을 내지 못한다.

아까 던진 물음을 다시 생각해보자. 과연 이 문제는 행위자 혼자서 풀었을까? 만약 그렇다면 왜 똑같은 문제인데 조건이 달라지면 해결하기 힘들까? 대답을 찾으려면, 행위는 어떤 특별한 도구와 떼려야 뗄 수 없는 관계 속에서 이뤄지고 있다는 방향으로 시야를 넓혀야 한다. 책갈피를 잃어버리면 방금 읽었던 쪽 찾기가 수월치 않듯이, 세로셈이라는 문화적 도구가 없으면 복잡한 곱셈 문제를 풀기 어렵다. 이 사실을 염두에 두고 조금 전 던진 물음에 답해보자.

"나는 그 문제를 세로 셈이라는 문화적 도구와 함께 풀었다."

이처럼 인간의 행위는 모든 일이 도구와 불가분한 일체화(一體化)를 전제로 한다. 나를 둘러싼 조건과 도구에 좌우되지 않고 머리만으로 매사를 처리하는 주체가 아니다. 우리는 늘 외계(조건), 도구와 불가분하게 묶여 행위한다. 홀로 피아노를 연주하는 것처럼 보이지만, 연주자의 손가락은 건반이라는 도구 위를 달리고 눈은 악보라는 기보(記譜) 시스템에서 정보를 입력한다. 음악은 지금 여기에서 연주자 홀로 만들어내는 것이 아니다. 지금 여기서 연주하는 음악은 작곡가와 악기, 악기 제작자와 피아노 조율사, 연주자와 기술, 연습곡집과 같은 시간과 공간을 초월한 집합체의 한 단면으로 우리에게 와 닿는다. 음악가의 주체성도 닥터 진이 그런 것처럼 사회·문화·역사적인 생태학의 지평 위에서 펼쳐진다. 그런 의미에서 연주자는 사회문화적 사이보그다.

사이보그는 인공적인 기관과 일체화함으로써 타고난 능력을 넘어서는 인간을 가리킨다. 우리는 모두 피부 바깥 세계의 도구와 일체화해서 지식과 기능을 인스톨해 만들어진 사이보그다. 이 사이보그는 사회문화의 힘에 의지해 설계되었기 때문에 닥터 진이 뼈저리게 경험했던 것처럼, 자신이 존재하는 사회문화에서 떨어져 자립할 수 없다. 가령 이 사이보그는 칠흑 같은 산길을 이동하는 능력을 갖추고 있지만, 손전등과 일체화를 이루었을 때만 그 능력을 발휘한다는 제약이 있다. 손전등이 없으면 능력은 사라지고 만다.

욕구를 포함한 인간의 마음, 그리고 주체는 사회·문화·역사라는 생태학적 지평 속에서 비로소 이해할 수 있다는 말은 러시아 심리학자 비고츠키의 아이디어에서 유래한다. 한국에서는 그에 대한 오해와 왜곡된 해석이 되풀이되고 있지만, 그는 일관되게 우리의 욕구, 마음 혹은 주체를 사회·문화·역사의 집합으로 보았다. 수술, 피아노 연주 그리고 지금 내가 이 글을 쓰기 위해 사용하고 있는 문자, 언어, 아이디어도 사회에서 왔으며, 역사적으로 문화 속에서 만들어져 유지되고 정련되었다.

인간을 이해하려는 심리학의 계보에서 주체의 문제는 지금까지 꾸준히 논의의 대상이 되어왔다. 이른바 주류 심리학에서는 개체의 내부에 갇힌, 혹은 사회·문화·역사로부터 고립된 주체를 전제로(그런 전제를 하고 있다는 것도 의식하지 못한 채) 인간을 다루어왔다. 주체를 '인간의 머릿속 혹은 피부를 경계로 안쪽'이라는 어휘 꾸러미로 규정한 탓에 그것만으로는 설명할 수 없는 뭔가가 우리 앞에 나타났다. 심리학이 그린 그림에서 삐져나와 있는 사회문화적 집합체로서 주체가 바로 그것이다.

주류 심리학 이론은 주체를 사회·문화·역사적 상황으로부터 고립된 행위자로 기술했지만, 우리의 일상적 행위는 당연히 사회문화의 여러 요소와 분리할 수 없다. 이와 같은 이론과 현실의 괴리 덕분에 우리는 전화번호를 기억하고 수술하고 피아노를 연주하는 행위의 사회문화적인 성립 과정에 눈길을 줄 수 있었다. 상황에 좌우되지 않는 개인의 자율적이고 주체적인 능력을 측정하려고 하면 할수록 삐져나오는 뭔가가 있고, 이른바 내적인 행위 주체단으로 사태를 설명하기는 불가능하므로 다른 무언가를 생각할 수밖에 없었다.

학문은 세계 그리고 삶의 모든 것을 그 목차에 담을 수 없다. 모든 것은 연구자의 눈에 띄고 기술되고 설명됨으로써 가공된다는 한계를 갖는다. 학문은 현재 가진 도구로 조작할 수 있는 대상밖에 다룰 수 없다. 주류 심리학이 사용할 수 있는 도구 혹은 어휘꾸러미로 모든 인간의 행위를 설명하기는 어렵다. 심리학의 격자(grid)에서 누락된 인간의 심리적 현상은 무수히 많다. 어쩌면 모든 학문은 예외 없이 그런 한계를 가진다. 다만 거친 격자로 인간 세계의 복잡함을 담아내려고 고군분투하는 건 그 나름의 진실이다.

또한 주류 심리학은 삶에서 발생 빈도가 높고 당연한 것에는 그리 관심을 기울이지 않는다. 숙련된 운전자는 운전하면서 운전에 대해 생각하지 않는다. 숙련된 행위자는 행위 중에 그 행위를 생각하지 않는 법이다. 그 행위를 한창 배우고 있거나 어떤 이유로 자동적인 행위가 끊어지는 순간에 비로소 관심을 갖는다. 심리학도 마찬가지다. 특히 주류 심리학의 연구 소재는 우리의 흔하디흔한 일상을 대표하고 있지 않을 가능성이 크다. 일상과 다른 이른바 '비상사태의 인간을 이해하는' 도구였을지 모른다.

닥터 진의 고백처럼, 누군가의 능력은 누군가만의 것이 아니라 오랜 사회·문화·역사를 아우른 총화다. 우리는 시간도 거리도 멀리 떨어진, 언제 어디선가 누군가가 짜낸 지혜와 분업하고 있다. 이것이 우리의 '인간다움'이다. 우리는 역사와 지리의 저편에서 수행된 누군가의 실천과 지금 여기를 나누어 가진 존재다.

지금 이 순간 이 작업, 글을 쓰거나 이야기하거나 뭔가를 만드는 모든 순간에 셀 수 없는 선인들의 실패와 성공의 여정이 숨어 있다. 이 짧은 에세이 안에도 셀 수 없이 많은 사람의 목소리가 서로 얽혀 울리고 있다. 많은 학인과 실천가의 목소리. 나는 단지 내 내부에 쌓여 있는 목소리들을 공을 들여 배치해 나의 말투로 뱉어낼 뿐이다.

그런데 우리는 언제부터인가 개인의 욕구, 마음, 능력 혹은 무능력은 고립된 개체의 내부에 붙박여 있다고 보는 '심리주의' 아래서, 자신이 사회·문화·역사적(집합적) 존재라는 사실을 까마득히 잊고 산다. 그리고 지금의 학교는 이러한 심리주의를 강화하고 거기에 매몰되는 사회문화적 사이보그를 대량으로 생산하는 데 중추적 역할을 맡고 있다. 명백한 사회문화적 사이보그인데도 자각하지 못하는 사이보그 말이다.

나라는 존재가 사회문화적 사이보그임을 철저히 자각하는 것으로부터 시작해야 한다. 이것이 또 하나의 심리학이 우리에게 던져주는 중요한 메시지다. 그러한 자각을 통해서야 비로소 기존의 주류 심리학이 만들어놓은 상투적인 어휘에서 벗어나 새로운 도구(예컨대 어휘)의 창조, 나아가 새로운 마음과 욕구를 디자인할 수 있다.

새로운 어휘꾸러미로 인간을 말하는 또 하나의 심리학은 사회문화적 사이보그로서의 인간을 만나러 과감히 실험실을 뛰쳐나와 어딘가로 향한다. 그 학문이 향하는 곳은 다름 아닌 우리 주변 반경 300미터의 저잣거리에서 일어나는, 너무나도 당연한 그래서 재미도 없는 흔하디흔한 우리의 일상이다.

남성/여성은
사회문화적 사이보그와 관계없죠?

내가 잡지에 기고한 글을 읽고 독자가 보내온 이메일을 소개하는 것으로 이야기를 시작하자.

선생님, 〈○○○〉 ○○호에 기고하신 '사회문화적 사이보그인 나'라는 글, 아주 재미있게 잘 읽었습니다. 예전에 기고하신 '심리학이 디자인한 현실, 그 너머에는 무엇이 있을까?'에 이어 이번 글도 우리가 사회·문화·역사적 존재라는 바로 그 이유로 자각하기 힘든 '나'의 원류 혹은 정체에 대해 다시 한 번 생각하는 좋은 계기가 된 것 같습니다.

또 비만, 지능검사, 학력, 학교폭력, ADHD 같은 말이, 애초에 있었기에 지금도 있고 앞으로도 영원히 계속될 '실체'가 아니라, 당대 사람들의 특정한 이해관계(이를테면 지능검사의 경우, 학교 공부를 따라가지 못하는 아이를 선별하고 배제하기 위한 전략으로 개발된 도구, 학교폭력이라는 말은 간단한 솔루션으로 특정한 문제를 해결하려는 당대 사람들의 이해관계가 얽힌 상태에서 만들어진 도구) 속에서 탄생한 '사회적 구성물'이라는 지적은, 우리가 지금 무심코 사용하는 많은 '말들'을 돌아보게 해주었습니다.

선생님의 글을 읽고, 제 안에서 한 가지 강력하게 떠오르는 의문을 해소하고, 선생님 생각의 원류를 따라잡아 볼 욕심으로(물론 곧 후회했지만) 선생님이 자주 인용하시는 비고츠키 관련 글을, 그것도 원서로 독해해 보겠다는 무모한 도전을 감행했습니다.

먼저 ○○호에 실린 글을 읽고 품게 된 강력한 의문은 선생님 말씀대로 비만, 지능, 학력, ADHD가 사회적 구성물 또는 픽션이라는 지적은 충분히 이해하겠는데, 남성/여성 같은 성별은 사회문화적인 것이 아니라, 말 그대로 '생물학적'이거나 '자연의 섭리'에 기인하는 것 아닌가요? 다시 말해 어느 시대건, 지구상 어디서건 기본적으로 성별은 남성/여성 이외는 없으니까 사회문화적인 것이 아니라 생물학적인 것 아닌가요? 이런 의문이 들어 저 혼자 그 답을 구해보려고 비고츠키 관련 문헌을 찾아보니 다음과 같은 문장이 눈에 들어오더군요.

"비고츠키는 생물(biology)과 문화(culture), 행동(behavior)과 의식(consciousness), 사고(thinking)와 말(speaking), 학습(learning)과 발달(development) 그리고 개인(individual)과 사회(society) 같은 몇 가지 이분법적인 나눔(dualistic divides)을 가로질렀다. 그는 주류 심리학이 만든 이러한 종류의 이분법 수용을 거부했고, 강력하게 비판했으며, 이분법적인 나눔 대신 '변증법적' 방법을 권고했다."

여기에 나오는 단어 가운데 "가로질렀다"는 말은 전후 문맥을 봐서 '지양했다'라고 의역하는 것이 가능할 것 같습니다. 그리고 제 눈에 확 들어온 것은 비고츠키는 생물과 문화를 쉽게 나누어서 설명하는 것을 지양했다는 부분인데, 이렇게 되면 제가 가졌던 의문인 남성/여성과 같은 성별 또한 간단하게 '생물학적'이거나 '자연의 섭리'라는 말로 처리할 수 있는 문제가 아닌 것 같네요. 선생님, 뭔가 흥미진진한 이야기가 있을 것 같은데 여기까지가 제 한계인 것 같습니다. 마법의 주문으로 편지를 마무리하겠습니다. '잘 모르겠으니 가르쳐주세요, 부탁드립니다.'

나는 메일을 받고 드디어 올 것이 왔다는 생각에 한동안 멍하니 있었다. 이 문제를 언제나 머릿속으로 생각만 했지 글로 쓴 적은 없다. 내가 아는 한 자연/인공, 개인/사회, 생물/문화, 행동/의식, 말/사고

같은 양자 관계를 넘나드는 비고츠키의 변증법적 방법론에 관한 구체적인 그림을 비고츠키는 물론이고 후기 비고츠키 학파 가운데 누구도 제대로 그린 적이 없다. 무언가를 처음 시도한다는 것은 신나지만 무척 어렵기도 하다.

나는 이 문제를 해결하기 위해서 먼저 우리의 일상적인 언어 사용에 관심을 가져보기로 했다. 우리가 무심코 사용하는 '자연'이라는 말에 주목해 보자. 요즘에는 자연식(食)이라든지 자연장(葬) 같은 말을 많이 쓴다. 그런데 자연식도 어디까지나 재배한 것을 먹는 것이기에, 또 살충제 등을 사용하지 않는 만큼 사람의 손이 많이 가는 편이라서 정확하게 말하면 완전한 문화식이다. 그리고 인간 말고는 장례식을 치르는 동물이 없으므로 자연장도 완전히 문화적인 의례라고 할 수 있다. 그러고 보면 자연공원도 형용모순이다.

인간에 대해서도 자연이라는 오해가 있다. 인간성을 human nature(직역하면 인간적 자연)라고 하는데, 여기서 자연은 본성이라는 의미다. 역사와 사회, 예술 등 문화 최전선에 있는 것이야말로 우리가 흔히 생각하는 인간성에 들어맞는다. 이런 의미에서 인간 안의 자연이라 일컫는 성(性)과 식(食) 또한 자연이 아니다. 만약 그것이 자연이라고 한다면 왜 종잇조각(포르노그래피)을 보거나 상자 속의 빛(외설적인 영상)을 보고 욕정이 일어나는지 설명할 수 없다. 성적 욕망도 문화 속 이야기에 기초해서 발현하는 것일 뿐이다.

어떤 도구에 의해서 새롭게 발생한 움직임을 행위*(이를테면 책을 어디까지 읽었는지 접어서 표시해 두는)라고 부르기로 하자. 그러면 책갈피를 사용해서 자신이 읽었던 부분을 기억해 두는 동작은 행위**가 될 것이다. 같은 논리로 휴대전화에 친구의 전화번호를 입력하는 것은 행위***, 부엌에서 컵을 깨는 바람에 슬리퍼를 신고 걷는 것은 보행*, 수업 중에 교수로부터 '오늘 한 이야기를 나중에 테스트한다'는 말을 들었을 때 수강자에게 인식되는 것은 기억*.

인공물로 가득 찬(책상, 의자, 빔프로젝터 등) 새로운 환경에서 행위(특정한 화법을 사용해서 가르치고 배우고 프레젠테이션하는 것)할 때, 우리의 행위는 더는 순백색이 아니라 특정한 도구를 물고 있는 잡색의 행위다. 김영민의 표현을 빌리면, 인간의 행위에는 반드시 도구가 필요하며 이후에는 사후 효과로 성립하는 결핍태로 나타난다. 이것이 곧 인간됨을 증명한다. 비고츠키식으로 하면 특정한 도구에 "매개된 행위"다.

쇼핑할 때의 계산, 컴퓨터 소프트웨어로 하는 집계(엑셀), 초등학교 교실에서 시험 문제로 출제한 덧셈 문제를 해결하는 방식은 똑같은 계산이지만 성립하는 과정과 양상이 다르다. 덧셈*, 덧셈**, 덧셈***……. 그런데 이것은 어딘가에 *이 붙지 않는 이른바 무인 행위, 다시 말해 원행위 또는 "순백색의 행위(raw action)"가 있다는 것을 의미하지 않는다. 언뜻 원행위인 것처럼 보여도 문화·역사적으로 설정되어 온 환경 디자인에 대응하거나 도구에 매개된 행위다. 따라서 우리가 무심코 자연식 혹은 자연장이라고 부르는 행위는 전부 행위에 *가 붙은 것이다. 사르트르와 보부아르에 의하면, 우리가 당연히 자연적 혹은 본질적이라고 생각하는 성(性)조차 사회적으로 구성된다.

난문에 대답하기 위한 두 번째 방법으로 나는 심리학의 바깥, 즉 사회학에 눈을 돌리기로 했다. "좋은 심리학은 늘 심리의 '바깥'에서 조언을 구하는 법이다. 그것은 마치 나의 모든 생각이 애초에 그 생각의 바깥에서 움터왔음을 겸허하게 인정하는 일과 같다"는 김영민의 말처럼, 사회학에 눈을 돌리는 행위 자체가 우리에게 또 하나의 심리학이 필요한 이유에 대한 답변이 될 것이다.

메일로 질문을 던진 독자가 말하는 성별은 자연의 섭리에 기인하는 현실이다. 그리고 이것이 흔들림 없이 확실하다는 생각은 이른바 자연주의적 해석이다. 그런데 이러한 해석과 달리 에스노메스돌로지(Ethnomethodology, 한국에서는 민속방법론이라는 오역으로 인해 본질을 겉돌고 있으나, 저잣거리를 포함해 학교, 법정, 시장, 음식점 등 수많은 사회문화적 공간에서 사는 사람들의 사회학이라고 의역해야 진수를 제대로 파악할 수 있다)에서 여자/남자란 문화와 상황을 초월해서 객관적으로 확정되는 것이 아니라, 사람들이 참가하는 장의 특정한 행위를 통해서 계속 달성·성취되는 것이다.

결론부터 말하면 자연은 문화다(Natural=Biological is Cultural). 앞

에서 식(食)과 성(性)을 예로 들어서 설명한 것처럼 자연적(생물학적)인 것은 문화적이고 인공적이다. 형용모순일 것 같은 이 관점을 짧은 몇 마디로 설명하기는 불가능하므로 우리의 일상을 집요하게 추적하는 에스노메스돌로지의 촉수를 따라가 보자. 에스노메스돌로지의 창시자 해럴드 가핑클은 남성과 여성이라는 성별은 자연적·생물학적으로 타고난 것이 아니라, 언제나 사회문화적으로 창조되고 실천된다는 발상을 성전환자 아그네스의 생애 연구를 통해 얻었다.

가핑클이 근무하는 대학 의학부에 아그네스(가명)라는 여성이 상담받으러 왔다. 아그네스는 몸짓과 말투 등 겉모습은 완전히 여성이었지만 남성 성기를 가지고 있었다. 그는 남성 성기를 절제하고 여성 성기를 만들어서 신체적으로 완벽한 여성으로 변신하기를 희망했다. 그는 우리가 흔히 말하는 남자로 태어났으나, 어릴 때부터 자신을 여자라 생각하고 생활하는 것이 자연스러웠다. 그에게 성기는 소변을 배출하기 위한 도구일 뿐 여성으로 살아가고자 하는 데 방해될 뿐이었다. 그는 방에서 혼자 느긋하게 보내는 시간을 빼고는 늘 여성인 체했으며, 자신이 여성이라는 사실을 주위에 드러내 보이려고 애썼다. 아그네스가 가핑클에게 들려준 이야기 가운데 여성 행세한 전형적인 에피소드를 하나 소개한다.

아그네스는 보험회사에 취직하기 위해 면접을 보던 날, 신체검사 이야기를 들었다. 게다가 소변 샘플을 제출해야 하는데, 당일에 다 끝내야 한다고 해서 따로 준비할 시간이 없었다. 그는 자기 몸을 다른 사람에게 노출해야 하는 위험을 현장에서 피하지 않으면 안 된다는 걸 깨달았다. 아그네스는 간호사로부터 의료실에 미리 준비한 변기를 사용하도록 안내받았다. 그때까지만 해도 당연히 문이 달린 화장실일 거로 생각했는데 그렇지 않았다. 아그네스가 성기를 만지고 있을 때 간호사가 들어올 가능성이 있었다. 아그네스는 변기 위에 앉아서 일부러 아무것도 하지 않았다. 그리고 의사에게 "지금은 아무리 노력해도 나오지 않으니 오늘 중으로 소변 샘플을 가지고 다시 오겠습니다"라고 변명했다. 의사가 고개를 끄덕이자 그는 곧장 룸메이트가 기다리는 아파트로 돌아갔다.

그때 아그네스는 문득 병원이 소변 검사를 통해 성별을 판단할지도 모른다고 생각했다. 물론 정말 그럴지, 소변 검사가 얼마나 철저하게 이루어지는지 몰랐다. 어쨌든 위험을 감수하고 싶지 않았다. 그는 룸메이트에게 "지금 가벼운 위장염에 걸려서 혹시 소변으로 그게 나타날지도 몰라. 그러면 취직을 못 하게 될 거야"라고 말했다. 룸메이트는 기꺼이 자신의 소변을 제공했고, 아그네스는 그것을 의사에게 건넸다(Harold Garfinkel(1984), 《Studies in Ethnomethodology》, Polity, pp. 123~124).

통상적인 소변 검사로 성별을 구분할 수 있는지를 떠나 아그네스는 혹시 생길지도 모를 일에 대비해 다른 사람의 소변을 빌렸다. 자신의 성별이 노출될 위험에 처했을 때(탄로가 날 가능성을 사전에 판단할 수 있고 준비할 시간이 있을 때) 여유를 갖고 여성 행세했다. 아니 행세했다기보다 위험한 상황을 피할 수밖에 없는 긴급한 사태였다고 할 수 있다. 아그네스가 처한 현실은 오늘날 성동일성장애라는 병명이 붙는 것이다. 이것은 우리가 도대체 여성이란 무엇인가, 남성이란 무엇인가를 생각할 때 중요한 단서가 될 수 있다. 한 가지 흥미로운 사실은 가핑클이 아그네스의 생활사를 자세히 검토했지만, 성동일성장애에는 초점을 맞추지 않았다는 점이다. 가핑클이 제기하고 싶었던 문제는 '아그네스는 어떻게 계속 여성으로 있을 수 있었나?'였다.

우리는 남성과 여성이라는, 이른바 안정된 규범과 지식에 기초해서 흔들리지 않는 존재로 사는 것이 아니다. 우리가 보는 것은 아그네스가 과도하게 보여주고 또 계속 연기해 온 자신의 성별을 주위에 미세하게 보이려는 방법(method)이다. 즉 여자 또는 남자이기 위한 방법을 계속해서 실천하는 우리의 일상이다.

우리는 거리에서 스쳐 지나가는 사람이나 커피숍에서 옆자리에 앉은 사람이 여자인지 남자인지를 단박에 알 수 있다. 이런 이야기는 너무 당연해서 새삼스럽게 끄집어낼 거리도 못 된다. 하지만 비트겐슈타인이 "당신과 타인의 생활을 진지하게 생각하는 것, 생각하려고 노력하는 것은 철학하기보다 훨씬 어렵다. 게다가 그것은 학문적으로 보람도 없고 전혀 재미없을 때가 많다. 그러나 재미없을 때가 실은 더할 나위 없이 중요한 일을 생각할 때다(Norman Malcom(2001), 《Ludwig Wittgenstein: A Memoir》, Oxford University Press, p. 35)"라고 말한 것처럼 당연한 것을 찬찬히 그리고 진지하게 돌아보는 일은 매우 중요하다.

사람은 옷을 입고 생활하므로 남의 성기를 함부로 볼 수 없다. 타인의 성별을 판단하기 위해 염색체를 보지도, 하다못해 신분증의 성별란을 보지도 않는다. 그런데도 우리는 타자의 성별을 안다고 믿는다. 어떻게 아느냐고 물으면 "여성은 여성의 외모를 하고 있고, 남성은 남성의 외모를 하고 있으니까"라고 간단하게 대답한다. 외모를 통해서 여자로 보이는 사람은 여자, 남자로 보이는 사람은 남자라는 사실을 의심하지 않는다. 심지어 여자와 남자의 외모만 보면서도 그 사람이 "여자인지 남자인지를 안다"고 말한다. 아이러니하게도 이것이 가능한 까닭은 평소 우리가 외모 이상의 것을 보는 미세한 실천(practice)을 부단히 수행하고 있기 때문이다.

만약 누가 당신에게 "저 사람을 왜 남자로 보는가"라고 묻는다면, "남자답게 생겼고 양복을 입었기 때문"이라고 대답할 확률이 가장 높다. 그리고 이 대답은 확실히 동의를 얻기 쉽다. 그런데 잠깐 다르게 생각해 보자. 과연 우리는 그 사람이 남자답게 생겼고 양복을 입어서 남자라고 해석하고 판단 내리는 것일까? 그렇지는 않을 것이다. 오히려 그냥 슬쩍 보고 여자인지 남자인지를 안다. 즉, 길에서 우연히 마주친 사람이 왜 여자 또는 남자로 보이는지를 생각하지 않고도 그냥 그 사람이 여자인지 남자인지를 안다.

물론 '이 사람은 머리가 짧고 양복을 입고 있으니까 남자다'처럼 타자의 외모에서 성별의 단서를 찾는 일도 있다. 하지만 이것은 길을 걷다 우연히 만난 사람이 여자인지 남자인지 한눈에 판단하기 어려울 때, 보통과는 다른 상황일 때 내리는 판단이다. 우연히 길을 가다 만난 사람이 여자인지 남자인지 판단이 잘 서지 않을 때만 타자의 외모가 어떠한지 자세히 관찰한다. 다시 말해 우리가 타자의 외모를 보는 방법에는 두 가지가 있다. 하나는 통상적으로 슬쩍 보는 방법, 다른 하나는 외모 속에서 어떤 단서를 해석하는 방법.

우리는 대체로 그냥 슬쩍 보고 타자의 성별을 알았으면서도 막상 어떻게 알았느냐고 물으면 후자의 방법으로 설명한다. 슬쩍 보고 아는 방법을 가장 흔하게 적용하면서도 너무나 당연해서 그것을 의식하지 못한다. 후자의 방법은 우리가 어떻게 타자의 성별을 보는가를 따져 물을 때 비로소 의식의 수면 위로 올라온다.

그렇다면 반대로 우리는 어떻게 여자인지 남자인지 알 수 있는 외모를 갖출까? "당신은 왜 여자 또는 남자로 보이는 외모를 하고 있는가?" 누군가에게 이런 질문을 한다면 대부분은 생물학적으로 여자 또는 남자이기 때문에 그렇다고 대답할 것이다.

내게 질문을 던진 〈〇〇〇〉 독자를 비롯한 많은 사람은 여자/남자를 생물학적 사실이라고 여긴다. 하지만 이런 경우를 상상해 보자. 만약 우리가 여자다움이나 남자다움에 관해 무관심하다면? 혹은 이런 감각을 익히는 학습 상황으로부터 분리된 채 살아서 아예 이런 감각이 없다면? 어깨가 딱 벌어진 여자, 어깨가 축 처진 남자, 목젖이 나온 여자, 목젖이 나오지 않은 남자, 코밑이나 다리에 털이 많은 여자, 체모가 거의 없고 피부가 새하얀 남자, 키가 큰 여자, 키가 작은 남자가 있다면……. 그렇다면 우리는 일상에서 자기 외모를 더욱 여자답게 혹은 더욱 남자답게 보이려고 부단히 (그러나 무의식적으로) 노력하는 과정을 통해 여자와 남자로 보이는 것은 아닐까?

많은 여성이 이성에게 매력적으로 보이기 위해, 동성에게 호감을 사기 위해 치마를 입거나 예쁘게 화장하거나 다이어트를 한다. 최근에는 남성도 외모와 패션을 중요하게 여겨 화장하거나 몸 만들기에 매진한다. 이런 활동을 부추기는 메시지는 편의점에서 파는 잡지, 매일 타고 다니는 버스나 지하철 광고, 늘 보는 텔레비전에 넘쳐난다. 매체가 발신하는 메시지를 통해 여자다움과 남자다움을 유지하려는 노력은 너무 당연하고 흔한 일이 되었다. 물론 사람들이 여자로 보이기 위해서 여자처럼 꾸미거나, 남자로 보이기 위해서 남자처럼 꾸미는 것은 아니다. 단지 예쁘거나 멋지게 보이고 싶어서 그럴 뿐이다. 하지만 이런 추구가 결국 여자로 보이는 외모와 남자로 보이는 외모를 만들어낸다.

이런 사실은 아그네스처럼 성동일성장애라는 이름이 붙은 사람들의 행동을 보면 더 확실하게 알 수 있다. 이들은 남자로 태어나 여자로 살거나, 여자로 태어나 남자로 살아간다. 그들은 태어날 때 얻은 남자/여자라는 성을 감추려 한다. 이런 행동은 조금 이상하게 들릴지 모르겠지만, 애초에 성별은 감추고 살 수 있다는 것을 시사한다. 물론 남자로 태어나 어느 날 갑자기 여자가 되거나 여자로 태어나 남자가 될 수는 없다. 하지만 여자 혹은 남자로 보이게 하는 것은 테크닉 문제다. 그러므로 테크닉을 연마하기만 하면 주위 사람에게 각자 바라는 성별의 외모를 가진 사람으로 보이게 할 수 있다.

따라서 이렇게 말할 수 있다. 처음부터 생물학적으로 여자나 남자로 보이는 것이 아니라, 더 여자다워지려고 하거나 남자다워지려고 하는 매일의 문화적 실천(cultural practice)이 여자로 보이는 사람과 남자로 보이는 사람으로 구성된(디자인된) 세계를 만들어낸다. 그렇기에 길을 지나다 만난 타자의 외모에서 여자인지 남자인지를 아는 현실이 생기며 그 현실을 별 불편 없이 계속해서 이어갈 수 있다.

흔히 성별은 여자와 남자로 이루어져 있고 이를 생물학적으로 주어진 것으로 생각하기 쉽다. 이것을 당연시하기 위해서 우리는 평소에 너무 많은 일을 하고 있다. 양복을 입고, 넥타이를 매고, 화장하고, 치마를 입고, 핸드백을 메고, 음색을 조정하고, 걸음걸이를 조절한다. 아무리 볼일이 급하다고 해서 남자가 여자 화장실에 들어가지는 않는다. 이는 성별이 곧 생물학적인 것이 아니라 사회문화적으로 구성되었다는 사실을 뒷받침한다. 혹은 이렇게 말할 수 있다. 우리는 생물학적으로 남성/여성으로 보이기 위해 사회문화적으로 부단히, 무의식적으로 일하고 있다.

지금까지 이야기한 내용을 상식이라는 잣대에 기초해서 보면 매우 흥미 있는 논점을 찾을 수 있다. 첫째, 어떤 사람의 성별을 확정하기 위해서 성기의 유무와 염색체의 차이에 의존하는 것이 아니라, 언뜻 봐서 알 수 있는 외모에 의해 자동으로 성별을 관단한다는 것. 그리고 상대를 남성/여성으로 인지할 때 상대방이 보통의 남성/여성이라면 갖추고 있을 생물학적 성기와 문화적 특징, 그 배후에 있어야 하는 남성/여성으로서의 라이프 스토리를 동시에 읽어버린다는 것. 그 결과 언뜻 보는 대상이 된 인간은 천생 남성이고 천생 여성인 것처럼 우리 눈앞에 보인다.

둘째, 자연스러운 남성과 여성으로서 외모를 보여주고 해당 성별에 적합한 라이프 스토리를 만들어내는 작업이 적절한 방식으로 계속 수행되지 않으면 안 된다는 사실. 성별 달성 작업은 아그네스처럼 성전환을 준비하는 사람뿐만 아니라 보통의 인간에게도 필요불가결한 작업이다. 보통의 인간이란 자신의 성별을 의심하지 않고 거기에 정체성을 맞추는 사람을 가리킨다. 아이 때부터 성별 달성 작업에 익숙해져 버린 사람은 너무 친숙한 나머지 자신이 이 작업에 부단히 종사하고 있다는 사실조차 자각하지 못한다. 가핑클의 말처럼 이 실천은 "보이기는 하지만 자각하지 못하는(seen-but-unnoticed) 것"이다.

일본의 만화작가 야마토 와키(大和和紀)의 〈쪽빛 신화(藍色神話)〉에 주인공 여성이 이렇게 말하는 장면이 나온다.

집까지 걸어서 15분, 뛰어서는 10분.
왠지 수줍어하면서 걷는 것은 성에 차지 않는다.
아이 때는 잘 달렸는데…….
언제부터였을까,
잘 달리지 않게 된 것은…….
여자아이 특유의 종종걸음만 하게 된 것은…….
그때처럼 가볍게 발을 들어 올릴 수 있을까.
달음박질치면서 귓전에 울리는 바람 소리를 들을 수 있을까.
나의 몸을 공기처럼 느낄 수 있을까.

처음으로 치장할 때 아마 많은 여자아이가 자신이 여장(女裝)하고 있다는 기분을 느낄 것이다. 어른이 되어서도 마찬가지일지 모른다. 여장을 강요하는 사람들이 주위에 많고 어쩔 수 없이 반복해서 받아들이다 보니 여자가 되었다. 그러니 아그네스처럼 남성의 성기에 여성의 외모를 가진 사람은 성별 달성 작업을 의식적·전략적으로 수행하지 않을 수 없다. 게다가 이 작업이 어떤 특정한 사회·역사적 맥락에서 이루어지는 이상 여성으로서 갖는 문화적 특징도 보편적인 것이 아니라, 당대의 역사·사회적 맥락에 놓인다는 것을 놓쳐서는 안 된다. 김영민은 우리가 본능이라고 여기는 '사랑'이라는 감정 또한 사회·문화적 활동의 산물임을 다음과 같이 지적한다. 그리고 성별과 마찬가지로 사랑도 어떤 실체(명사)로 볼 것이 아니라 행위(동사)로 바라보아야 할 당위성을 주장한다. 조금 길지만 중요한 내용이므로 그대로 인용한다.

"나는 당신을 사랑합니다"라는 말은 실로 복잡하고 애매하기 짝이 없는 메시지다. 그리고 이 메시지가 전달되는 방식은 "나는 너와 섹스를 원한다"는 식과는 다르다. 후자는 주로 생물학적 논리를 따르지만, 전자는 문화의 논리에 깊숙이 젖어 있는 언사이기 때문이다. 상술했듯이, 몇몇 특정한 언표와 행위들은 "나는 당신을 사랑합니다"라는 메시지를 드러내는 지표(指標) 언행으로서 기능하고 있는 것이 사실이고, 결혼식장에서 반지를 교환하는 등속의 행위에서 볼 수 있듯이 이미 성사(聖事)로까지 그 위치를 옮긴 것들도 있을 정도다. 그러나 의식과 문화의 안개는 이 메시지의 진위를 단정하는 데 결정적인 장애로 등장한다. 사랑의 본능, 그 겉과 속에는 도덕과 체면, 이기와 상략(商略), 전통과 앎, 위선과 종교, 세뇌와 희생, 정략(政略)과 의무감 등등의, 넓은 의미로 이해한 문화적 변수가 빼곡

하게 들어차 있기 때문이다.

조직적이고 현란한 변수에 늘 노출되어 있고, 또 이를 나름대로 간파하고 있는 사람들 중 그나마 순박한 일부는, "단순히 변수가 아닌 사랑의 진정한 상수가 될 만한 표현은 무엇인가?"라는 문제에 관심을 보인다. 물론 세태가 워낙 더러우니, 수양에는 관심이 없고 헌금과 지위에만 눈이 가는 몇몇 성직자들처럼 이젠 상수를 아예 제쳐버리고 변수에만 신경을 곤두세우는 나머지 혼숫감이나 젯밥으로 싸움을 일삼는 꼴을 연출하고 있긴 하지만, 아직 이 땅에 춘향이 같은 정조가 영 없지는 않을 것이다. 옛날 남원골의 춘향이가 겪은 고생에도 복잡한 심리전(戰)의 양상을 띠는 구석이 없는 것은 아니었지만, 그녀의 마음고생은 주로 겉고생에서 생기는 것이었고, 또 이 겉고생의 논리는 대체로 직선적이었으며, 선악이라는 매우 단순한 대칭 구조의 긴장에서 빚어졌다고 볼 수 있겠다.

그러나 20세기 후반, 서울 종로의 춘향이 겪는 갈등의 구조는 사뭇 다른 양상을 띤다. 남원 춘향은 임을 만나지 못한 아픔을 호소하고 있지만, 서울 춘향은 임을 눈앞에 두고도 임이 임인지 분명하지 않은 데서 오는 긴장과 갈등을 토로하고 있는 셈이다. 옛사랑의 정표와 지표로 쓰였던 말과 행동은 더 이상 통용되지 않는 데다가, 이 도령의 언행거지는 당최 감을 잡을 수 없을 만치 애매하고 분방하니 서울 춘향은 이 도령의 사랑을 확인할 수 있는 객관적인 잣대를 어디에서 얻을지 난감해지는 것이다(김영민(1996),《컨텍스트로, 패턴으로》, 문학과지성사, 125~126쪽).

아그네스는 여성 달성 작업을 할 때 1950년대 달 미국 사회에서 여자답다고 인식하는 행동을 계산에 넣었다. 그것은 남성에게 맞서지 않고 늘 남성으로부터 가르침을 받으려는 수동적인 태도다. 그렇다면 지금 우리가 생각하는 여성도 아그네스가 살았던 시대처럼 '남성에게 맞서지 않고 늘 남성으로부터 가르침을 받으려 하는 수동적인 태도'에 머물러 있는가를 물어야 한다. 여기서 잠깐, 사르트르의 말을 가져와 보자. "우리가 자연적인 현실이라고 생각하는 대다수의 것은(인종, 민족성, 성차 등) 이데올로기로 구성되어 있다."

인간은 일상적인 대화와 행위에서도 안정된 현실을 조금씩 재디자인하려 애쓰는 존재다. 내가 대학을 다닐 때(1980년대)만 해도 남학생 가방은 문자 그대로 남자 색깔(이런 표현에도 어폐가 있지만)과 형태였고, 머리 모양과 옷차림새도 지금과 상당히 달랐다. 지금은 남성이 형형색색으로 염색한 머리에 귀걸이를 착용하고 화장해도 성별을 의심하는 일이 드물다. 마찬가지로 지하철에서 포터블 게임에 열중하는 여성 또한 세련된 게임기 디자인과 '뇌 트레이닝'이라는 새로운 인공물 덕분에 여성다움의 범주에서 제외당하지 않는다. 한때는 꽁지머리가 여성의 전유물이었다. 그러나 지금은 꽁지머리를 여성다움의 범주로 보는 사람들은 상당히 줄었다. 이처럼 남자다움, 여자다움은 매일의 사회문화적 실천의 산물이면서 역사적 변화의 가능성에 열려 있다.

24초 룰이라는
디자인된 현실

아빠 경령아. 너 혹시 농구 규칙 중에 24초 룰이라는 거 알고 있니?

경령 잘 모르는데. ㅠㅠ

성준 나는 아는데. ㅎㅎ

아빠 그럼 일단 성준이가 그게 뭔지 설명해 봐.

성준 (자신만만한 듯) 그거, 그거잖아. 농구 경기할 때 공을 가진 팀이 24초 안에 슛해야 하는 뭐 그런 규칙 같은 거.

아빠 빙고. 성준이 말이 맞아. 공을 가진 팀은 24초 안에 슛해서 골이 들어가든 안 들어가든 상관없이 무조건 골대 근처에 맞춰야 해.

그 규칙을 어기면 공은 상대 팀의 것이 돼. 마찬가지로 상대 팀도 공을 갖고 나서 24초 안에 슛해야 하거든. 그 규칙을 서로 지키면서 농구라는 시합이 진행돼.

경령 그런데 축구에는 그런 규칙 없는 것 같은데…….

성준 (여전히 자신만만) 축구는 이기고 있는 팀이 자기 지역에서 공을 돌리면서 상대팀에게 공을 주지 않고 경기가 끝나기만을 기다리지. 그러면 관객들은 "우우우우우" 야유를 보내기도 하고. ㅎㅎ 그걸 잘하는 게 중동 축구팀이지. 이른바 침대 축구. ㅎㅎ

아빠 (같이 웃으면서) 그런데 너희들 그건 알고 있니? 농구도 옛날에는 현대 축구처럼 막판까지 이기고 있는 팀이 공을 돌렸다는 사실을?

성준,경령 (금시초문이라는 표정을 짓는다.)

아빠 (의기양양한 표정을 지으며) 옛날 농구에서는 시합 후반에 이기고 있는 팀은 드리블을 잘하는 선수가 상대 팀 선수에게 볼을 뺏기지 않도록 드리블하면서 도망 다녔다고 해. 그러다 보니 대부분의 시합은 전반에 승부가 나고 후반에 역전하는 경우는 완전 드물었지. 그래서 득점도 얼마 안 됐대. 지금 프로농구 경기 보면 96:88 정도가 보통인데 옛날에는 19:18 정도에서 끝났던 모양이야.

경령 음……그럼 농구가 재미없었을 것 같은데?

성준 (스마트폰 검색으로 알아낸 정보를 보면서) 그런데 1954년에 어느 프로농구팀 구단주가 24초 룰을 생각해냈어. 그 룰이 적용되자 경기가 확 바뀌었지.

아빠 빙고. 24초라는 시간이 농구 코트 위쪽에 있는 큰 디지털시계로 표시가 되거든. 일단 한 팀이 볼을 갖게 되면 시계는 24초로 맞춰지고 거기서부터 23, 22, 21로 카운트가 시작돼. 그러다가 0이 되기 전까지 슛해야 하는 것이 24초 룰이야. 24초 이내에 슛해야 하니 서로 그 시간 안에 슛하려고 했겠지. 당연히 경기는 박진감 넘치고 득점도 올라갈 거고.

성준 그 결과 프로 스포츠로서 대성공을 거두었을 테고.

경령 (문득 생각난 듯) 근데 그 카운트다운이라는 건 왜 그렇게 긴장감을 가져올까? 새해를 맞이할 때라든지, 로켓을 발사할 때라든지.

아빠, 성준 푸하.

아빠 (다시 냉정함을 갖추고) 스포츠는 그렇게 룰이 모여서 만들어져. 선수는 다섯 명이라든지 더블드리블은 금지라든지. 몇천 개의 룰이 모여서 만들어진 프로농구 리그에서도 나중에 생각해 보니 결국 룰이 하나 부족했던 거야.

경령 와! 그러니까 수천 개의 룰이 있어도 단지 룰이 하나 부족해서 점수가 안 올라가고 공을 빙빙 돌리면서 시간만 때우는 그런 지루한 스포츠가 되고 마는구나. 무서워. ㅠㅠ

성준   무섭긴 뭐가 무섭노? (뭔가 생각난 듯) 근데 그건 선수 때문만은 아니라고 생각해. 그냥 룰이 잘못된 거지. 선수가 아무리 열심히 해도 룰이 문제면 스포츠는 재미없어지잖아.

아빠   맞아, 맞아. 옛날 농구선수들도 틀림없이 느끼고 있었을 거야. 시합 후반은 아무런 의미가 없다고 말이야.

경령   근데 선수들은 그렇게 생각하면서도 그냥 열심히 하지 않았을까?

아빠   빙고. 무엇이 잘못인지 모르고 그냥 계속 달렸을 거야.

성준   아마 선수들은 감독한테 "너희들의 노력이 부족해"라고 야단 맞거나 관객들한테 "정말 재미없다. 드리블하면서 도망만 다니고"라고 야유나 받았겠지.

경령   (어이없는 표정을 지으며) 진짜 문제는 룰에 있는데 그것도 모르고……

아빠   오호, 우리 경령이 똑똑한데! ㅎㅎ 농구는 1891년에 발명됐어. 1898년 처음으로 프로농구가 창설되었고. 프로 리그가 미국 각지에서 창설됐지만 금방 없어지고 또 만들어지고 또 없어지고 계속 그랬다고 해.

경령   아, 역시 후반이 지루하니까.

아빠   재미있는 것은 그 24초 룰이 프로 리그가 출범하고 나서 거의 60년이 지나서 나왔다는 사실이야. 그동안 리그의 중책을 맡은 책임자나 구단주들도 '음, 뭔가 큰 소리로 말할 수는 없지만, 농구는 참 재미없는 스포츠'라고 생각하고 있었을 거야.

경령 (웃으면서) 모두가 이건 아닌데 하면서 어영부영하다 보니 60년.

성준 와~ 길다.

아빠 그러고 보면 다들 잘 참은 거지.

성준 60년이라는 긴 시간 동안 선수들은 드리블로 시간을 보내고, 구단주들은 속은 그렇지 않으면서 재미있는 척하고, 감독들은 빨리 시합을 결정짓고 도망가는 작전을 세우고…….

경령 그러던 어느 날 짜자잔!

아빠 (웃으면서) 누군가가 외쳤던 거지. "그래 맞아, 새로운 룰이야!" 하고.

성준 아빠 이야기를 듣다 보니 왠지 용기가 생기는 것 같다.

경령 (아쉬운 듯) 아, 그 말 내가 하려고 했는데…….

아빠 농구도 그렇고 우리가 사는 사회도 수만 개의 룰이 모여서 만들어졌지. 그 룰은 법률로 씌어 있는 것도 있지만, 습관과 문화처럼 씌어 있지는 않지만 사람들이 지키는 것도 있어. 물론 사람들이 만든 사회는 수십억 명이 수천 개의 지역으로 나뉘어 살고 있어서 다섯 명씩 나눠서 승부를 가리는 농구보다 훨씬 복잡하지.

성준 그러니까 음……음……. (생각난 듯) 농구의 24초 룰처럼 한 개의 룰이 모든 것을 바꾸는 일은 일어나지 않아.

아빠 맞아. 그런데도 다들 포기하지 않고 드리블을 계속하고 있는 거야.

경령 근데 농구에서 60년이나 걸렸으니 사람들이 사는 사회는 도대체 몇 년 드리블하면 될까?

아빠 스포츠도 그렇지만 우리 사회도 잘 보이지 않지만 룰이라는 설계도 같은 것이 있지. 그러니까 그 룰이라는 말을 디자인으로 바꾸어 말해도 된다고 생각해. 아빠 생각에 농구에서 24초 룰의 발명은 스포츠 사상 최고의 디자인이야.

경령 와, 멋있다.

아빠 훌륭한 디자인인 24초 룰에 의해서 선수들의 움직임은 정말 크게 바뀌었어. 선수들은 재빨리 볼을 돌리고 재빨리 슛하게 되었지. 이렇게 힘 있는 디자인은 사람들의 움직임을 바꾸지. 24초 룰이라는 디자인은 선수들의 움직임뿐만 아니라 감독의 전술을 바꾸고, 관객들의 반응을 바꾸고, 나아가 농구라는 사회 자체를 멋지게 바꾸어버렸지.

성준,경령 (이구동성으로) 와, 우리 아빠 진짜 똑똑하다 대박!

아빠 (웃으면서) 이제라도 알아줘서 고맙데이~. 계속해도 될까?

성준,경령 응. 와~ 대박!

아빠 우리가 사는 사회도 세금 제도라든지 법이라든지 많은 룰, 즉 보이지 않는 디자인이 있어. 그 디자인을 하나 바꾸면 사람들의 움직임이 바뀌지. 세금 제도를 재디자인해서 친환경 자동차에 대해 감세했다고 하자.

경령   친환경자동차? 전기차 같은 거?

아빠   응, 맞아. 그러면 사람들이 하나둘씩 전기차를 구입할 거고, 매연이 이전보다 줄어들고……이런 식으로 세금 제도 디자인을 하나 손대는 것만으로도 사람들의 행동은 물론 거리 모습까지 바뀌지. 이렇게 보면 스포츠는 당연하고 우리가 사는 사회도 눈에는 잘 안 보이지만 디자인이 모여서 만들어진 곳이야.

경령   음……사회는 디자인으로 만들어져 있는 곳이네. 그럼 뭔가 아직 확실히는 잘 모르겠지만 말은 좀 멋있는 것 같아. 갑자기 앞으로 사회 수업이 재미있어질 것 같은 예감도 들고.

성준   아까 집에 오다가 '생활을 윤택하게 만드는 ○○하우시스의 창호 기술' 이런 비스무리한 간판을 본 것 같아. ○○하우시스의 창호 기술이라는 말 대신에 디자인을 넣어도 좋을 것 같아.

아빠   와 좋은데! 우리 성준이.

경령   아빠 그러고 보니 디자인이라는 말이 참 마음에 들어. ○○중학교 2학년 1반의 디자인, 기장군의 디자인, 사회의 디자인, 나라의 디자인 등등.

아빠   (뭔가 생각난 듯) 요즘 텔레비전을 보면 대통령 선거가 다가오다 보니 다들 정치 이야기를 많이 하잖아.

성준   벌써 그렇게 된 거야?

경령   나는 정치 같은 것 전혀 모르는데……

아빠   정치도 마찬가지야. 정치도 쉽게 말하면, '사회라는 큰 공간의 디자인을 어떻게 할 것인가?' 뭐 그런 이야기거든.

경령   내가 한번 말해볼게. 정치란 사회의 디자인을 어떻게 할 것인가? 음……말하고 나니 뭔가 멋있는 말인 것 같아.

아빠   그러니까 아까 성준이가 말한 생활을 윤택하게 만드는 디자인이라는 말 그거 말이야, 정치가 하는 일이 바로 그거야. 생활을 윤택하게 만드는 디자인.

성준   정치라는 좀 딱딱한 말 대신에 생활을 윤택하게 만드는 디자인이라는 말이 좋은 것 같아.

아빠   그러니까. 예를 들면 "자, 모두 생활의 디자인을 생각해 봅시다"라고 말하면 다들 "앗, 재미있을 것 같다"고 반응을 보이지만, "자, 모두 정치를 이야기합시다"라고 말하면 다들 도망가기에 바쁘지.

경령   (혼자 크게 웃는다.)

아빠   다들 도망가기에 바쁘다고 하면 실은 지금까지 정치를 해온 사람들의 승리인 거야. 왜냐하면 "아, 그런가요. 당신들은 정치 이야기를 하고 싶지 않군요. 자, 그러면 우리끼리 이야기를 계속하겠습니다"라고 말하며 사회를 자신들이 하고 싶은 대로 디자인하고 말거든.

성준 (뭔가 큰 발견을 한 표정을 지으면서) 정치라는 말이 가진 딱딱함으로 사람들을 쫓아버리고, 지금까지 늘 해왔던 방식으로 사회를 디자인하겠군.

경령 아까 농구 이야기에서 나온 디자인은 정말 익사이팅했는데 정치 이야기는 왜 이럴까?

아빠 그건 말이다, 경령아. 사회의 디자인은 농구의 디자인과 마찬가지로 즐거운 법인데, 정치라는 말이 나오면 뭔가 흡연실에 갇혀 있는 느낌이라고 해야 하나? 그 흡연실 문에는 정치라는 글자가 쓰여 있고, 안에는 양복 입은 아저씨들과 정장 입은 아줌마들이 늘 싸우고 있는 거야.

성준 게다가 그 방은 만원. ㅎㅎ

아빠 맞아. 말 그대로 만원이라서 더는 들어갈 수 없는데도 "자, 젊은 여러분들 안으로 들어오세요"라고 막 권유하지. 드물게 들어가긴 하는데 담배 연기에 숨이 막혀 뛰쳐나오든지 아니면 순식간에 양복 혹은 정장 입은 한 사람으로 바뀌지.

경령 그러면 정치 대신 생활의 디자인으로 바꾸면 안 될까?

아빠 좋은 질문! 근데 정치 대신 생활의 디자인으로 말을 바꾸면 그 방은 없어져 버리겠지. 그래서 그 방에 있는 아저씨와 아줌마들은 절대로 방 이름을 바꾸지 않고 언제나 "정치, 정치, 정치 방에 들어갑시다"라면서 시끄럽게 계속 외치는 거야. 그렇게 외치는 것은 새로운 사람이 들어와서 아까 우리가 같이 생각해 본 24초 룰과 같은…….

경령   힘 있는 디자인 맞제, 아빠?

아빠   (웃으면서) 맞아. 힘 있는 디자인을 새로운 사람이 만드는 것을 그 아저씨 아줌마들은 막으려고 하지. 물론 정치라는 말이 딱딱하고 진부하다는 것을 그들 자신이 제일 잘 알고 있어. 그런데도 일부러 계속 그 말을 쓰지. 자신들의 독점 상태를 지키기 위해서 말이야.

성준   아빠 말을 듣고 보니 좀 무섭다는 생각이 들어.

경령   (웃으면서 아까 오빠 말에 대한 복수의 의미를 담아서) 무섭긴 뭐가 무섭노?

성준   (표정이 굳어지며) 조용히 해라. 나 좀 심각하거든. 그러니까 사회를 디자인한다는 것은 정말로 무서운 일이라고 생각해.

아빠   맞아. 무섭기도 하지만 또 나름의 쾌감이 있어. 농구의 24초 룰을 디자인한 사람은 자신이 생각해 낸 하나의 디자인으로 농구라는 사회가 바뀌는 것을 보고 틀림없이 쾌감을 느꼈을 거야. 전기차 감세와 같은 세금 제도를 디자인한 사람은 많은 사람이 전기차를 타고 달리는 것을 보며 쾌감을 느낄 게고. 전기차 감세라는 하나의 디자인도 그렇게 쾌감을 주는데, 하물며 한 나라의 세금 제도 전체라든지 수십 년 계속되어 온 국제조약 등을 디자인하는 것은 굉장한 쾌감을 준다고 생각해.

성준 그런 쾌감이 있으니까 정치라는 팻말이 붙어 있는 흡연실에 틀어박혀 있는 거겠지. 새로운 사람들이 들어오지 못하도록 하면서, 지금까지 늘 해왔던 방식으로 계속하기 위해서…….

아빠 근데 너희 그거 아나?

성준, 경령 뭔데? 뭔데?

아빠 24초 룰을 생각해서 60년간 재미없었던 농구를 구해낸 사람은 농구선수도 아니고 더군다나 농구 전문가도 아니었어.

성준, 경령 (놀란 토끼눈을 하고) 그럼 뭐 하는 사람이었는데?

아빠 음……그건 말이지 (조금 뜸을 들이고 나서) 볼링장 경영자. ㅎㅎ

성준, 경령 대~~~~~박!

계산하는 생명

 교사를 대상으로 강의할 때 한 번씩 다음과 같은 짓궂은 짓을 한다. 강의에 열중하고 있는 맨 앞의 수강생에게 "일어나!"라고 명령조로 말한다. 그럼 대부분 "어?!?" 하고 놀라거나 수줍어하면서 움직이지 않는다. 내가 이런 짓궂은 짓을 애써 하는 까닭은 인간과 기계의 차이를 설명하는 데 이만큼 좋은 실험이 없기 때문이다.
 주어진 자극에 지배만 받는 기계와 달리 인간은 자신의 원리에 기초해서 작동하는 자율성(autonomous)을 갖고 있다. 이런 인간이 일부러 기계처럼 타율적(heteronomous)으로 행동하는 것이 바로 계산이다. "5 더하기 7은?"이라는 질문을 받으면, "마, 대략 10 정도 아닐까?", "배가 고파서 그 문제에 대답할 상황이 아니야", "아까도 물어보고 또 물어?" 같이 생명이 처한 상황에 따라서 대답을 달리하는 것이 아니라, 언제라도 "12"라고 대답하는 것이 옳은 계산이다. 똑같은 자극에 대해 언제나 똑같이 응답하는, 어떤 의미에서 융통성 없음이 옳은 계산을 위해서는 중요하다.

기계를 사용해서 인간을 모방하는 것이 인공지능 연구다. 인공지능 연구보다 훨씬 긴 역사를 가진 것이 인간이 기계를 모방해 온 계산의 역사다. 일본의 수학자 모리타 마사오(森田眞生)는 수학 공부를 "기계의 모방을 강제당하는" 일이라고 본다. 따라서 아이가 수학을 싫어하는 것은 어찌 보면 생명체로서 당연하다고 위로한다.

그러나 인간은 부자유롭기 위해서 기계를 모방하는 것이 아니다. 규칙에 일부러 자신의 사고를 묶음으로써 오히려 자유로워질 수 있다. 나는 춤을 잘 못 춘다. 하지만 춤추기를 좋아해서 술이 한잔 들어가고 흥에 겨우면 춤을 춘다. 나는 자유롭게 춤추고 있다고 생각했는데, 누군가가 찍어준 동영상을 보니 애처로울 정도로 똑같은 동작을 반복하고 있었다. '자유롭게'만 생각하다 거꾸로 평소의 습관과 타성에 묶이고 말았다. 오히려 애써 틀에 자신을 묶음으로써 비로소 새로운 가능성이 열릴 때가 있다. 사고도 마찬가지다. 사고를 애써 규칙에 묶음으로써 사고의 가능성을 확장하는 지혜가 계산의 배경에 있다.

모리타 마사오는 수학을 "무의미를 두려워하지 않는 기계의 씩씩함과, 의미를 계속 추구하는 시인의 섬세한 컬래버의 역사"라고 말한다. 위대한 사상가이자 수학자인 파스칼은 두 개에서 네 개를 빼면(식으로 나타내면 2-4) '0'이 되는 것이 당연한데 그것을 모르는 수학자가 있다는 사실에 한탄했다. 그런데 파스칼과 같은 시대 살았던 수학자 데카르트는 좀 다르게 생각했다. 의미의 세계에서는 파스칼의 생각이 옳다. 그런데 기호의 세계에서 +는 -의 반대라는 규칙이 엄연히 존재한다. 그래서 연산이 따라야 할 규칙을 존중한다면 이야기는 좀 달라진다. 파스칼이 생각한 것처럼 '2-4=0'이라고 하면, -의 반대는 +이므로 '(2-4)+4=0+4=4'가 되어서 2에서 4를 뺀 뒤에 4를 더하면 원래 2로 돌아가지 않는다. 덧셈은 뺄셈의 역이라는 기본적인 성질이 무너지고 만다. 물론 당시는 음수가 발명되기 전이었으므로 데카르트의 생각은 단지 기호의 세계에서만 통용되는 이야기였다.

그러나 애써 규칙(+는 -의 반대라는)에 인간의 사고를 묶음으로써 인간은 그 이후 수직선이라는 인공물을 발명했고, 이 인공물에 힘입어 사고의 확장을 이루었다. 영국의 수학자 존 월리스(John Wallis)는 《대수학》에서 이 수직선 개념을 제안했다. "예를 들면 남자가 'A에서 B로' 5야드 앞으로 나아간 뒤에 'B에서 C로' 2야드 후퇴했다고 하자. '그는 C에 있는 시점에서(그때까지의 행진 전체 중에서) 얼마큼 전진했는가?' 혹은 '그는 A에 있었을 때와 비교해 얼마큼 앞으로 갔을까?'와 같은 물음을 받는다면, 나는 (2를 5에서 뺌으로써) '그는 3야드 전진했다'고 대답한다(왜냐하면 +5-2=+3이기 때문에). 그러나 그가 B까지 5야드 전진한 뒤 D까지 8야드 후퇴했다고 하고 그 상태에서 '그가 D에 있을 때 얼마큼 전진했는가?' 혹은 'A에 있을 때와 비교해서 얼마큼 앞에 있는가?'라는 질문을 받으면, 나는 '-야드'라고 대답한다(왜냐하면 +5-8=-3이니까). 요컨대 그는 무(nothing)에 비해서 3야드만 전진한 것이 된다."

월리스가 수직선을 발명함으로써 수는 양과 면적에서 나아가 거리까지 나타낼 수 있게 되었다. 이 인공물 덕분에 파스칼이 무의미라고 생각하고, 데카르트의 예리한 지적에도 불구하고 기호의 세계에만 살아있던 '2-4=-2'는 우리의 의미사전에 당당하게 등록되었다. 그리고 음수라는 인공물의 발명 덕분에 온도계에는 -라는 기호가 추가되었다. 이제 우리는 "오늘은 영하 3도로 최근 들어 가장 춥다", "요즘 형편이 안 좋아서 마이너스 통장을 만들었다"와 같은 말을 의미 충만하게 사용하고 있다.

이처럼 인간은 계산이라는 기계적인 일(규칙을 따라야 하는 일)에 자신을 묶음으로써 사고와 인식을 계속해서 확장했다. 그런 의미에서 생명체인 인간은 계산과 떼려야 뗄 수 없는 관계를 맺으면서 살아왔고 살아가고 있으며 살아가게 될 것이다.

계산의 고도화에 힘입어 인간의 인식이 닿을 수 있는 범위는 시공간적으로 넓어졌다. 계산의 눈부신 발전 덕분에 우리 주위에는 새로운 대상이 계속해서 출현한다. COVID-19 같은 바이러스와 세계적인 규모의 기후위기는 신중한 모니터링과 계산의 힘을 빌려 인간이 접근하고 파악할 수 있는 대상이 되었다. 인간의 규모를 압도적으로 넘어선 이러한 것들은 우리 몸의 감각만으로는 인식할 수 없다. 그런데도 우리는 현실에 존재하는 것으로 인식할 수 있다. 오감으로는 잡고 느낄 수 없는 대상을 계속해서 계산의 힘을 빌려 시뮬레이션하는 것이 현대에는 불가피하다.

이번 COVID-19의 유행에서 나타난 대규모의 도시 봉쇄와 경제 활동의 자숙도 견실한 모니터링과 시뮬레이션 덕분이다. 감염증의 수리 모형에 기초한 정책 결정이 이만큼 대규모로 실행된 예는 역사상 없었다. 수리 모형에 기초해 계산한 결과에 따라서 세계 규모로 인류가 행동 양식을 바꾸었다. 계산이 인간 생활을 좌우하게 되었다.

그러나 계산 결과를 현실과 착각해서는 안 된다. 현실과 계산의 차이를 최소화하기 위해서 현실을 계산에 가까이 가져가려는 움직임도 나오고 있다. 철저한 감시로 모든 국민의 건강 상태를 늘 관리할 수 있으면 계산 결과와 현실의 차이를 줄일 수 있다. 각자가 유연하게 개별적으로 행동하기보다 주어진 규율에 묵묵히 따르는 행동을 취하면 현실은 계산에 가까워질 것이다. 이것을 통해서 우리는 무엇을 얻고 무엇을 잃을까?

계산이란 이미 결정된 규칙에 기초한 기호 조작에 지나지 않는다. 따라서 현재의 어떤 인공지능도 결정된 규칙에 묶인 자동적인 시스템 그 이상도 이하도 아니다. 행위 동기를 스스로 만들 수 있는 자율적인 시스템 구축에는 아직 성공하지 못했다.

인공지능이 인간을 넘어설 날도 머지않았다고 떠드는 마당에 계산으로 생명이 구동되는 날이 가까웠다고 생각하는 사람이 있을지 모르겠다. 그런데 현실적으로 인간이 만들 수 있는 기계는 아직 생명에서 한참 먼 것밖에 없다. 화려한 체조 연기를 보여주는 인형 로봇 등 SNS에서 종종 화제가 되는 최첨단의 로봇 영상을 보면, 로봇이 인간을 넘어설 날도 머지않았다고 느낄 것이다. 그런데 이러한 영상은 로봇을 위해 진중히 준비된 장소에서 몇 번이나 시행착오를 거치면서 겨우 촬영한 데모 영상이다. 현실 세계에 풀어놓은 로봇이 실제로 데모와 똑같이 훌륭하게 움직인다는 보장은 없다.

《2029 기계가 멈추는 날: AI가 인간을 초월하는 특이점은 정말 오는가(Rebooting AI Building Artificial Intelligence We Can Trust)》의 저자 개리 마커스와 어니스트 데이비스(Gary Marcus & Ernest Davis)는 화려한 데모 영상과 달리 현실의 로봇은 문 손잡이를 여는 것조차 곤란하다고 지적한다. 인간을 넘어서는 로봇이 무섭다면 만약을 위해 문을 닫아두면 된다고 뼈있는 농담을 한다.

물론 현실에 많은 로봇이 활약하고 있는 것도 사실이다. 청소 로봇

룸바를 만든 장본인으로 유명한 미국의 로드니 브룩스(Rodney Brooks)는 후쿠시마 원전 사고 뒤 후쿠시마에 로봇을 기부했다. 후쿠시마 제1원자력 발전소의 방사선량과 온도, 습도를 측정하거나 잔해를 제거하는 데 이 로봇이 큰 활약을 펼쳤다. 이 르봇들이 없었으면 복구 작업이 꽤 지체되었을 것이다. 그렇지만 이러한 로봇은 어디까지나 자동기계라서 생명과 같은 자율성을 갖고 있지 않다. 아이로봇사가 후쿠시마에 보낸 로봇은 인공지능 베이스의 운영 체제를 탑재하고 있지만, 문을 열 때도 인간이 상세하게 방법을 지시해야 했다. 계산과 생명 사이에는 이처럼 여전히 거대한 단절이 존재한다.

그렇지만 현실 세계의 불확실함을 줄이기 위해서 현실을 계산에 가깝게 하려는 움직임은 계속될 것이다. 인간 규모를 넘어선 다양한 대상과 제대로 마주하기 위해서는 계산이 불가피하다. 하지만 생명으로 가득한 현실을 규칙에 묶인 계산으로 전부 환원시킴으로써 실현되는 안전과 효율은 확실히 본말전도다. 계산의 힘을 빌려 현실 인식을 계속 확장하면서도 생명을 손에서 놓지 않는 것, 그런 어려운 항해가 앞으로 필요하다.

계산으로는 지금까지 인류의 생활양식 자체를 발본적으로 재검토하는 일, 본질적으로 바이러스의 확산을 억제하던 생물의 다양성을 회복하는 일, 야생동물이 서로 충분히 거리를 두면서 생활할 수 있는 풍부한 삼림 환경을 회복하는 일, 생태계의 자율적인 활동을 염두에

두지 않고 생명을 지키는 일은 가능하지 않을 것이다. 아니 애당초 계산에만 의지해서 바이러스를 억제할 수 있는 날이 올 것이라고는 기대하지 않는다. 바이러스는 인간과 그 밖의 생명에 기생해서 살아온 존재라서 바이러스를 계산대로 제어하려는 것은 결국 바이러스의 숙주인 인간을 계산대로 제어하는 것으로 귀결될 수밖에 없다. 생명으로서의 움직임을 단념한 인간이 바이러스 축출에 성공했다고 한들 웃음거리밖에 되지 않는다.

계산을 통해 알게 된 대가속 시대를 지나서 우리는 지금 계산으로 회수할 수 없는 생명에 직면하고 있다. 바이러스, 기후, 해양은 우리에게 여전히 미지인 각각의 원리로 인간의 너무나도 방종한 행위에 섬세하게 응답하고 있다. 미국에서 독자적인 환경철학론을 펴고 있는 티모시 모턴은《하이퍼오브젝트》에서 환경 위기에 직면하고 있으면서도 제대로 응답하지 않은 우리의 모습을 다음과 같이 비유한다.

어린 소녀가 트럭 앞으로 튀어나오려 하고 있다. 마침 모르는 사람이 그곳을 지나간다. 그녀는 순간 소녀를 도와야 할지 말지 생각하는데, 자기 생각에만 의존해서는 꼭 그녀를 도울 필요가 있을지 확신이 없다. 그래서 일련의 간단한 계산을 해본다. 트럭은 감속해도 아이를 구할 수 없는 속도로 지금 달리고 있는가. 만약 트럭이 감속하면 구할 수 있는가. 트럭의 운동량은 감속했다고 해도 소녀와 격돌할 정도로 큰가……. 그런 계산을 한

참 하다가 결국 트럭은 소녀와 추돌할 것이라는 결론에 도달한다. (눈앞에서) 그녀의 생각대로 된다(Timothy Morton(2013),《Hyperobjects: Philosophy and Ecology After the End of the World》, University of Minnesota Press, pp. 134~135).

아이가 위험한 도로로 튀어나오려고 할 때 정말로 차에 치일까, 치일 확률이 어느 정도일까를 계산하고 있어서는 아이를 구할 수 없다. 생각할 것도 없이 손을 내밀어야 한다. 위험을 자각했을 때 곧바로 아이를 도와야 한다. 이것이야말로 responsibility이다. responsibility를 '책임'으로 번역하는데, 문자 그대로는 응답(respond)하는 능력(ability)이다.

녹아내리는 빙산과 사라져 가는 생물 다양성, 붕괴하는 해양생태계 등의 환경 위기에 우리는 어린 소녀를 대하는 것과 똑같이 재빠르게 응답하지 않고 있다. 마치 도로로 튀어나오는 아이를 눈앞에 두고 기계처럼 계산만 하고 있다. 이런 위기의 시대에 제대로 응답하기 위해서는 생명으로서 의미를 생성해 내려는 활동과 애써 기계를 흉내 내 규칙의 세계에 묶이는 활동 사이의 긴장 관계를 계속 유지해야 한다. 긴장 관계를 성급하게 손에서 놓고 생명으로서 응답하는 자율성을 계산에 맡겨버리는 어리석음을 저질러서는 안 된다.

모리타 마사오는 생명과 계산의 다이내믹한 관계를 다음과 같이 표현한다.

　사람은 모두 계산의 결과를 만들기만 하는 기계가 아니다. 그렇다고 해서 주어진 의미에 안주만 하는 생명체도 아니다. 계산하고 계산의 귀결에 유연하게 응답하면서 현실을 계속 새롭게 디자인하는 '계산하는 생명'이다(森田真生(2021),《計算する生命》, 新潮社, p. 219).

아빠,
그럼 지금부터 점심밥 먹자!

문자가 발명되기 전, 언어는 음성으로 낭독돼었다. 역사, 이야기, 의례, 윤리 모두 낭독되었다. 뭔가를 알려고 할 때 무문자 사회 사람들은 구전의 가르침을 처음부터 소리 내어 읊지 않으면 안 되었다. 신체의 율동과 음정의 도움을 받아서 암송된 거대한 기억의 저장고에는 시계열적 접근(sequential access)밖에 허용되지 않았다.

그 암송을 위한 과정을 잠시 추체험해 보자. 예컨대 자신의 부모나 스승으로부터 후세대에 전해야 할 말을 듣는 일은 반복 불가능한 일회적 사건이다. 한 번 놓치면 영원히 놓친다. 허공에 산산이 흩어지는 그 말들은 엎질러진 물이나 쏜 화살보다 더 절망적이었을 것이다. 상상컨대 그들의 청각 세포가 날카롭게 긴장하면서 귀는 최고의 집중 상태에 놓였으리라. 순간으로 사라지는 것과 영원으로 남는 것이 귀 하나에 달렸으니. 게다가 그 말을 순서대로(시계열적으로) 다 기억하는 일은 우리의 상상을 뛰어넘었으리라.

문자의 발명은 처음부터 시작하지 않으면 목적하는 장소까지 다다를 수 없다는 이 시계열적 접근이라는 제약을 해제했다. 문자에 의해서 기억 저장고에 '언제 어디서나 접근(random access)'이 가능하게 되었다. 과거의 기억에 다다르기 위해 들여야 했던 시간이 단숨에 단축되었다. 문자열이 적혀 있는 텍스트(돌이든, 흙이든, 파피루스이든, 양피지든 상관없이)를 본 사람은 시간을 한눈에 내려다볼 수 있게 되었다.

이처럼 문자의 발명은 시간을 가시화했다. 이때 과거의 현시(現時)화가 일어난다. 시계열적 접근에서 과거 이야기는, 낭독자가 간신히 현재에 다다랐을 때 이미 말하기가 끝난 상태라서 절실한 리얼리티를 잃어버리고 만다. 그런데 '언제 어디서나 접근'에서 독자는 과거와 현재를 똑같은 페이지의 똑같은 시야 안에서 동시에 파악할 수 있다. 바꿔 말하면, 과거가 현시적 리얼리티를 갖고 절박해 온다. 이미 지나가 버려서 여기에 더이상 없는 것의 절박, 과거의 현실성을 우리에게 선사했다.

이렇게 쓰면 좋은 일만 있었던 것처럼 보이지만 그렇지 않다. 세상

일에는 좋은 면과 나쁜 면이 있는 법이다. 이 시기에 문자를 알고 과거와 미래의 절박을 느낄 수 있는 사람(지금으로 치면 얼리어답터)과 문자를 모르는 바람에 지금 여기밖에 절실한 리얼리티를 느낄 수 없는 레이트어답터가 혼재하는 사태가 발생했다. 기원전 8~3세기에 걸친 춘추전국 시대의 일이다.

우치다 타츠루는 그 당시 시간 의식을 갖지 못한 사람들이 실제로 존재한 사실을 조삼모사(朝三暮四), 모순(矛盾), 수주대토(守株待兎) 같은 설화에서 엿볼 수 있다고 말한다(内田樹(2020),《サル化する世界》, 文藝春秋). 조삼모사는 송나라 저공(狙公)의 이야기다. 송나라에 저공이라는 사람이 있었다. 그는 원숭이를 사랑해서 여러 마리를 길렀다. 저공은 원숭이들의 뜻을 알 수 있었으며, 원숭이들 역시 저공의 마음을 알았다. 저공은 집안 식구들의 먹을거리를 줄여가면서 원숭이의 욕구를 채워주었다. 그러나 점점 먹이가 부족해져 어쩔 수 없이 먹이를 줄여야 했다. 그는 원숭이들이 말을 잘 듣지 않을 것을 우려해 속임수를 썼다.

"너희에게 도토리를 주되, 아침에 세 개 주고 저녁에 네 개 주겠다. 만족하느냐?"

원숭이들이 다 일어나서 화를 냈다. 저공은 바로 말을 바꾸었다.

"너희에게 도토리를 주되, 아침에 네 개 주고 저녁에 세 개 주겠다. 만족하느냐?"

여러 원숭이가 다 엎드려 절하고 기뻐했다. 저공은 무슨 생각으로 이런 일을 꾸몄을까? 그는 교활했을까? 그건 아닌 것 같다. 아마 '내가 원숭이라면 어떻게 생각할까?'를 떠올렸을 것이다.

《한비자》에 수주대토 이야기가 나온다. 송나라에 한 농부가 있었다. 밭 가운데 있는 나무 그루터기로 토끼가 달려오더니 부딪혀서 목이 부러져 죽었다. 농부는 쟁기를 풀어놓고 나무 그루터기를 지키며 토끼를 다시 얻기를 기대했다. 하지만 토끼는 얻지 못하고 송나라 사람들의 웃음거리만 되었다.

모순도 같은 시기 이야기다. 단, 등장인물은 송나라 사람이 아니고 초나라 사람이다. 초나라에 창과 방패를 파는 장사꾼이 있었다. 그는 "내 창은 어떤 방패라도 다 뚫을 수 있다. 그리고 내 방패는 어떤 창이라도 다 막아낼 수 있다"고 말했다. 그러자 구경꾼이 "그렇다면 그 창으로 그 방패를 뚫으면 어떻게 되나요?"라고 묻자 장사꾼은 할 말을 잃었다. 이 무기 상인은 창을 팔고 있을 때는 방패를 팔고 있을 때의 자신에게 리얼리티를 느낄 수 없고, 방패를 팔고 있을 때는 창을 팔고 있을 때의 자신에게 리얼리티를 느낄 수 없었던 사람이다.

그럼 현대를 살아가는 사람들은 어떨까? 딸이 유치원을 다닐 무렵 외할머니가 오랜만에 우리 집에 오기로 한 날, 아침밥을 먹으면서 나눈 대화다.

"오늘 외할머니가 우리 집에 놀러 오신대."

"와! 언제쯤 오시는데?"

"음……그러니까 경령이가 점심 먹고 나서 조금만 있다가, 그때 오실 거야."

"아 진짜? 아빠, 그럼 지금부터 점심밥 먹자!"

"?? ㅎㅎ."

스스로 아주 좋은 생각이 떠오른 것처럼 지금이라도 당장 점심을 먹을 기세로 바쁘게 움직이던 모습이 지금도 눈에 선하다.

외할머니가 계신 소호(울산광역시 울주군 소재)에서 우리 집이 있는 부산까지 버스로 1시간 40분 정도 걸린다든지, 지금은 아침 8시라든지, 외할머니가 오시는 시간은 오후 1시라든지는 딸에게 통하지 않았다. 딸의 시간은 숫자라는 사회문화적 도구에 의해서 아직 구조화되어 있지 않았다. 딸은 아직 시간 감각을 내면화한 사회문화적 사이보그가 아니었다.

딸은 아침에 유치원 버스를 기다리면서 번번이 묻곤 했다.

"아직이야?"

"이제 5분 뒤에."

이렇게 대답해도 이해하지 못하겠다는 표정으로 다시 물었다.

"뭐야 그게?"

나는 어쩔 수 없이 모호하게 대답했다.

"곧 올 거야!"

그러면 경령은 또 1분 뒤에 조금 전과 똑같은 어투로 다시 물었다.

"버스 아직?"

딸에게 시간은 외할머니를 기다리는 두근거림이었고, 버스가 오지 않는 지루함이었다. 지금 다음에 1분 뒤, 그 다음에 2분 뒤, 나아가 1년 뒤, 1만 년 뒤, 1억 년 뒤가 있다. 그런 식으로 계속 언제까지라도 뻗어나가는 시간을 딸은 생각할 수 없었을 것이다.

과거로부터 미래의 언제까지라도 계속되는 시간의 흐름. 이렇게 본다면 시간은 결코 아이가 태어날 때부터 가진 생득적 관념이 아니다. 다양한 언어, 개념과 함께 문화로서 습득해 나가는 시점 중 하나다. 즉, 아이는 시간이라는 도구에 매개되지 않은 삶에서 시간이라는 도구에 매개된 삶을 살게 된다. 이윽고 시간이라는 사회문화적 도구를 가진 사회문화적 사이보그로 거듭난다.

초등학교 저학년 어느 날 문득, 내가 죽어도 영원히 계속될 우주를 생각하니 너무나 무서워 전율한 적이 있다. 언젠가 우주가 끝나고, 친구들도 어딘가에 모이지 못하고, 나도 완전히 잊힌 채 계속 흘러가는 시간……. 생각만으로도 너무 무서워 며칠 동안 잠을 이루지 못했다. 돌이켜 보면 마침 학교에서 배우는 산수가 재미있어질 무렵이었다. 어떤 큰 수도 정확하게 더하거나 뺄 수 있다. 광대한 숫자의 세계가 선사해 준 신기한(?) 자유에 나는 완전히 마음을 빼앗겼다. 그때는 계속되는 수의 광대함이 끝나지 않을 시간의 까닭 모를 무서움을 암시하고 있다는 사실을 알지 못했다.

그 사실을 알게 된 것은 비고츠키를 본격적으로 공부한 뒤부터다. 비고츠키가 말하는 "인간의 정신은 도구에 매개된다(tool-mediated mind)"는 언명에 대해 나는 이렇게 화답하고 싶다.

"도구를 하나 획득하는 것은 자유로움을 의미하는 동시에 새로운 구속(constraint)이다."

'일상'에서
ㄹ을 뺄 수 있다면

    영국인 학자 애덤 스미스는 1776년에 출간한 《국부론》에서 "인류 최대의 사건"은 아메리카 대륙의 발견과 희망봉을 돌아서 동인도로 가는 항로의 발견이라고 썼다(인류 최대, 발견 같은 단어에서 아무리 좋게 보려고 해도 유럽 중심주의가 강하게 느껴진다). 고등학교 세계사 수업 시간에 '유럽인이 아메리카 대륙을 정복하자 대륙으로부터 유럽에 대량의 은이 유입되었다'고 배운 기억이 난다. 그 은은 거의 볼리비아 포토시(Potosi)의 산 하나에서 채굴한 것이었다. 아메리카 정복 시대의 포토시에 이어 또 다른 은의 산지는 멕시코의 사카테카스

(Zacatecas) 광산이었다. 1545년에 채굴이 시작되고 나서 100년 이상 포토시는 사카테카스를 생산량에서 6:1~4:1 정도로 압도했다.

압도하는 산, 포토시는 은광산계의 셰익스피어다. 그런데 포토시는 세계사에 미친 영향에 비해 놀랄 정도로 알려지지 않았다. 여기서 일어난 일이 너무나 잔혹했기 때문일 것이다. 아담 스미스는 《국부론》에서 "유럽이 저지른 '야만적인 일(savage injustice)'은 인류 전체에 은혜를 가져오는 일 없이 불운한 나라들에 파멸과 파괴를 가져왔다"고 쓰고 있다. 당시 스페인령 페루에 속한 포토시에서도 그 야만적인 일이 일어났다. 당시 기록에 의하면 유럽으로부터 온 정복자는 현지인 인디오를 "동물처럼" 다루었다. "지옥이 입을 벌린" 상태로 은의 채굴을 끝낸 뒤 800만 명에 달하는 인디오의 시체가 남았다고 파라과이 작가 에두아르도 갈레아노(Eduardo Galeano)는 《수탈된 대지》에 썼다.

내가 배운 고등학교 세계사 교과서에는 "포토시 광산에서 들어온 대량의 은은 유럽에 가격혁명(급격한 인플레)을 일으켰다"라고 쓰여 있었다. 그런데 이 주장에 대해 학자에 따라서 의견이 갈린다. 가격혁명을 '일으켰다'고 하는 학자가 있는가 하면, '일으키는 주요인의 하나가 되었다(또 하나는 인구의 증가)'고 하는 학자가 있다. 그리고 가격혁명 이야기에 덧붙여서 신대륙으로부터 유럽에 어느 정도의 은이 운반되었는지에 관해서도 의견이 갈린다. 정확한 양은 영원히 알 길이 없다. 빈번히 참조되는 것은 프랑스의 역사가 페르낭 브로델(Fernand Braudel)이 쓴 "1500년부터 1650년까지 1만 6,000톤"이라는 숫자다. 은 1톤이 어느 정도인지 모르는 우리 같은 평범한 사람에게는 굉장하게 느껴지지만 실감은 나지 않는다. 다행히 볼리비아 사람들은 유럽에 운반된 은의 총량에 관해 이런 표현을 갖고 있었다고 한다. "여기서부터 스페인까지 은으로 다리를 놓을 수 있을 정도의 양."

은이 유럽으로 흘러 들어가기 전에는 현대를 살아가는 우리가 당연하다고 생각하는 형태의 돈은 일반적이지 않았다. 우리는 '돈은 태곳적에 생겨난 것으로 원래 돌, 조개 등이 사용되었다'고 믿고 있다. 하지만 당시 돌, 조개와 지금 우리가 생각하는 돈은 현실적으로 아주 다르다. 볼리비아의 포토시로부터 막대한 양의 은이 들어오기 전 유럽에서는 화폐를 지금처럼 호주머니에 가득 넣어 다니면서 필요할 때마다 자유롭게 꺼내 쓰지 않았다. 보통은 외상으로 거래했다. 봄에 외상으로 씨앗을 사고 가을에 수확물이 생기면 지급하는 방식이었다. 화폐는 연말에 차액이 발생하거나 비상사태가 일어났을 때 결제하는 귀중하고 편리한 도구였다. 그래서 주화(코인)에는 액면에 표시된 가격 이상으로 '비상시에 뭔가 해결할 수 있는 편리한 도구'라는 부가가치가 있었다. 사람들은 질 좋은 은화에 액면 이상의 가치를 부여했다. 은이 귀해서 주화로 사용된 셈이다.

당연히 은화는 많지 않았다. 은화는 유통량이 부족했다기보다 적어서 가치가 있었다. 그런데 남미에서 스페인까지 다리를 놓을 수 있을 정도의 은이 유입되면서 사람들의 호주머니에 차랑차랑 소리가 날 정도의 은화가 들어 있는 사회가 디자인되었다. 은화는 비상시에 사용하는 도구라는 인식에서, 많은 사람의 호주머니에 늘 들어 있어서 자유롭게 사용할 수 있는 도구라는 인식으로 바뀌었다.

신대륙으로부터 은이 유입되면서 유럽의 은화는 어느 정도 증가했을까? 이탈리아 나폴리에서는 1570년 70만 개였던 은화가 1751년 1,800만 개로 늘어났다. 180년 만에 25배 늘어났다. 나폴리에서 1751년 1,800만 개의 주화가 실제로 사용된 횟수는 연간 2억 8,800만 번에 달했다. 당시 유럽의 은화와 금화 비율은 44:1 정도였다. 주화는 곧 은화였다. 금화는 지금으로 따지면, 1,000만 원짜리 지폐와 같아서 왕 아니면 사용할 수 없었다. 어쨌든 일반인이 호주머니에 차랑차랑 소리를 내면서 갖고 다니는 액면이 낮은 은화가 보급되면서 은화를 일상적으로 사용하는 사회가 출현했다(호주머니에 스마트폰을 갖고 다니는 지금 사회와 비슷하다).

그렇다면 호주머니에 은화를 가득 넣고 다니는 사회는 사람의 행위를 어떻게 바꾸었을까? 먼저, 이동이나 이사가 편해졌다. 토지에 묶이는 일이 없어졌다. 그때까지 부(wealth)는 논과 밭이 있다든지, 가축을 키운다든지, 작업장을 갖고 있다든지 식의 토지에 기초한 부였다. 논, 밭, 가축, 작업장을 갖고 다닐 수는 없다. 그러나 은화라면 다르다. 은화 형태로 자신의 부를 호주머니에 넣어서 자유롭게 새로운 장소, 새로운 도시, 새로운 나라로 이동하면서 토지에 묶이는 일 없이 사는 사람(사회문화적 사이보그)이 출현했다.

토지뿐 아니다. 사람에게도 묶일 일이 없어졌다. 이전에는 다음과 같은 활동(activity)을 고민했을 것이다. 사람 만나는 것이 귀찮다, 외상도 귀찮다, 지금 돈이 없으니까 만나고 싶지 않다 등. 그런데 은화로 지불하고 해결하면 뒷말이 없어진다. 돈을 지불하고 떠난다. 그 이후로는 두 번 다시 만나지 않아도 신경 쓸 필요가 없다. 이야기를 나눌 필요조차 없다. 말이 안 통해도 상관없다. 돈과 물건의 한 번 만에 끝나는 교환, 한 번 만에 끝나는 관계. 완전히 기분 좋게 쿨하게. 타인과 거리를 두고 개(個)와 개(個)로 나뉘어 살게 되었다. 타협이 필요한, 서로의 불만을 안은 '우리'가 아니라 타협하지 않는 '나(individual)'로 살게 되었다. 서로를 알지 못하는 원룸 이웃들처럼. '우리'라는 얽힘과 귀찮음으로부터 해방되어 따로따로 사는 것을 당연히 여기는 사회와 인간이 출현했다. '일상'이라는 말에서 'ㄹ'을 빼면 우리가 당연하다고 생각하는 여러 일상이 이렇게 이상하게 보인다.

은화가 넘쳐나는 사회가 만들어지는 과정에서 은 이외의 요인을 놓쳐서는 안 된다. 첫 번째, 네덜란드 독립파 정부가 1570년에 실시한 무료통화주조(free coinage) 제도다. 그때까지 은화는 국가만 만들수 있었다. 그런데 이제는 민간인도 네덜란드로 은을 가지고 오면 정부가 무료 혹은 실비로 은화를 만들어 주었다. 이는 곧 국가만 갖고 있던 주폐(鑄幣) 권력이 일반 부자에게 개방되었음을 뜻했다. 이 제도 아래서 자본가가 가진 은은 매매하거나 가공하지 않고도 돈이 될 수 있었다. 당연히 민간 상인과 은행가는 네덜란드로 은을 가져와 은화로 만들었다. 당시 네덜란드는 유럽 금융과 상업의 중심지였다. 이 제도가 생기자 화폐 공급은 급속하게 증가했다.

두 번째는 악화의 증가다. 이 시기에 "악화가 양화를 구축한다"는 유명한 말이 나왔듯 유럽에서 은화의 질이 계속 떨어졌다. 네덜란드, 벨기에 서부, 독일 서부에서 1560년부터 50여 년 동안 은화의 은 함유량은 60퍼센트로 떨어졌다. 은의 대량 유입과 궤를 같이해서 같은 양의 은으로부터 더욱 많은 은화를 만들었다. 악화의 증가에 따라 은화의 가치는 계속 하락했다. 한마디로 "낮은 금액의 경화가 증가했다." 하지만 사용하지 않으면 가치가 떨어지기 때문에 호주머니 안의 주화는 계속해서 막대하게 사용되었다.

세 번째는 유럽 사회가 내포하고 있던 욕구다. 테크놀로지는 사회를 바꾼다. 마찬가지로 사회도 테크놀로지에 대한 욕구를 내포하고 있어서 테크놀로지를 바꾼다. 사회는 '이런 테크놀로지가 있으면 좋겠다'고 기다린다. 그것이 꿈과 같은 테크놀로지인지 악몽과 같은 테크놀로지인지와 별도로. 따라서 당시 유럽 사회가 내포한 '우리'로부터 '나'가 되는 욕구에 대량의 은화라는 테크놀로지가 대응했다고 말할 수 있다.

당시 유럽은 대항해 시대를 맞이해 동방의 아시아, 북방의 발트해로 교역의 범위를 넓히고 있었다. 아시아의 향신료, 발트해의 모피 등과 같이 유럽이 갖고 싶어 하는 것은 세계 곳곳에 있었지만, 유럽은 상대에게 제공할 수 있는 매력적인 수출품을 충분히 갖고 있지 않았다. 그러다 신대륙으로부터 은이 들어와 유럽에는 매력적인 수출품이 없다는 문제가 해결되었다. 세계 어디를 가더라도 포토시에서 인디오들이 파낸 은화를 내면 되었다.

포토시에 유명한 전설이 하나 있다. 유럽에서 정복자들이 침입하기 전 포토시는 잉카제국의 일부였다. 잉카는 유럽과 다른 금속 문화를 갖고 있었다. 금속을 유럽처럼 '딱딱한 것'으로서 무기 등에 사용하지 않고, '부드러운 것'으로서 얇게 펼쳐서 신전의 장식 등에 사용했다. 전설에 의하면, 잉카 제11대 황제 와이나 카팍은 잉카제국 태양신전의 장식을 위해서 빨간 산에서 채굴을 시작하려 했다. 그러자 하늘에서 천둥 같은 폭발음과 함께 케츄어 말(인디오의 언어)로 이런 소리가 들렸다고 한다.

"여기를 파지 마라. 이 산에 묻혀 있는 것은 다른 사람 것이다."

황제는 그 목소리를 따라서 채굴하지 않았다. 이 은의 다른 소유자가 백여 년 뒤의 유럽인이라는 해석은 정복자에겐 당연할 것이다. 그러나 전후 문맥을 살펴보면, 유럽인에게도 "여기를 파지 마라!"는 천둥과 같은 목소리가 울렸을 것이다. 케츄어 말이기 때문에 유럽인이 알아들을 수 없었을 뿐.

어쨌든 산은 파헤쳐졌다. 그리고 막대한 돈이 거기서 나왔다. 당시 중남미를 지배하고 있던 스페인은 호화로운 겉모습과 달리 막대한 부채에 시달리고 있었다. 포토시에서 스페인으로 운반된 은은 그대로 채권자인 네덜란드, 이탈리아, 영국의 왕족과 대자산가의 소유가 되었다. "스페인이라는 입이 음식물을 삼키지만 영양분은 유럽이라는 내장에 간다(Eduardo Galeano(2009), 《Open Veins of Latin America: Five Centuries of the Pillage of a Continent》, Serpent's Tail. pp. 35)"로 표현할 수 있다. 스페인이라는 입(구체적으로는 세빌리아)은 포토시로부터 막대한 양의 은과 800만 명의 인디오를 삼켰으며, 유럽이라는 내장이 그것을 소화했다.

이제 매력적인 수출품과 은화가 넘쳐나고 세계무역에 불이 붙는다. 국제화에 불이 붙는다. 그러자 중상주의의 광대한 식민지를 가진 유럽이 출현한다. 그 유럽의 왕들과 자산가들이 축적하는 막대한 잉여 자본이 도시를 만든다.

나는 유럽의 클래식 악기는 왜 저렇게 정교할까를 늘 '일상'에서 ㄹ을 빼는 감각으로 생각했다. 유럽의 악기는 비유럽의 악기와 비교해서 훨씬 울림이 풍부하고 소리가 크다. 연주하기도 쉽다고 한다. 브라스밴드나 록밴드에서 사용하는 스네어드럼처럼 크기로 중층적 대량 음을 만들 수 있는 타악기가 다른 문화에는 없다. 플롯과 트럼펫도 마찬가지. 그 정도의 정확함과 역동성(섬세한 음으로부터 강한 음까지의 표현의 폭)을 가진 관악기는 다른 문화에서 찾아볼 수 없다. 금속제의 대형악기로서 절에서 치는 종이 있긴 하지만, 종과 트롬본을 비교했을 때 차이는 절망적이다.

유럽의 정교한 악기들은 유럽 백인 문화의 우위성과 특이성을 자랑하는 것처럼 보인다. 물론 어느 문화의 악기, 음악은 제각각 훌륭하다. 그런데 유럽의 악기에는 어딘가 특이한 정교함이 있다. 왜 저렇게 정교할까? 좀 깊이 생각해 보면 당연한 일이다. 악기 뒤에 숨어 있는 자본의 양이 전혀 다르다.

포토시의 빨간 산으로부터 은을 삼킨 스페인. 기타는 스페인에서 발달했다. 바이올린과 첼로의 명장 스트라디바리(Antonio Stradivari)와 아마티(Amati)가 살던 크레모나도 당시 스페인령이었다. 당시 독일과 네덜란드, 그 밖의 유럽도 스페인령으로 모두 "스페인을 입으로 한 내장"이었다.

포토시에서 인디오들이 파낸 은은 은화에 깃들고 유럽의 내장을 돌아서 시스템을 바꾸고 국제화를 가속했다. 국제화로 막대한 잉여 자본을 구축한 유럽의 왕, 대자본가, 대은행가는 아낌없이 돈을 주고 악기를 주문한다. 그러자 많은 연주가와 작곡가가 다른 문화처럼 농업과 겸업하지 않고 전업으로 음악을 하게 되었다. 그리고 전업 연주자와 작곡가로부터 연구개발과 기술혁신이 일어났다.

이제 음악은 축제와 같이 한 번으로 끝나는 성격은 엷어지고 일상적인 고용과 장기 계약을 낳는 제도(institution)로 성격이 강화된다. 궁정에서 왕족에게 악기를 가르치는 교사 같은 직업도 생겨났다. 일하지 않아도 되는 부자들이 빈번하게 열리는 연주회에서 사교를 즐겼다.

게다가 당시의 악기는 지금의 GPS와 같은 정보통신기기이기도 했다. 전쟁터와 사냥터에서는 타악기와 관악기 소리로 명령을 내렸다. 왕의 군대는 강력한 정보통신기기가 필요했다. 사냥터에서 호른의 입이 뒤를 향하는 까닭은 선두에 선 사냥꾼이 후방에 정보를 전하기 위해서였다.

취미, 행사, 군사상의 정보통신기기로서 음악과 권력이 보조를 맞추면서 걷는다. 군산복합체에 빗대어, 세계 곳곳에서 자본을 흡수하는 유럽에 음악산업복합체가 만들어졌다. 그리고 이 복합체는 최고 권력자를 포함한다. 이런 사회에서 악기의 질이 올라가지 않았다면 그게 더 이상하지 않을까?

아프리카에서의 노예사냥, 남북 아메리카에서의 대규모 강제노동, 그것에 앞선 인디오 살상. 유럽이 저지른 이런 파멸과 파괴가 없었다면 감미로운 악기들은 탄생하지 않았을 것이다. 그토록 풍부한 울림과 다이내믹한 강약을 자랑하는 악기군은 없었을 것이다. 그렇다. 음악은 고도의 정치적인 행위다. 그런데 이것을 자각하는 사람은 무척 드물다.

'○○에 정치를 가져오지 마라'는 어법은 오래전부터 모든 분야에서 있었다. 문학에 사상을 가져오지 마라, 논문을 쓰는 데 왜 문학 표현을 가져오는지 모르겠다, 스포츠에 정치를 가져오지 마라, 교육을 말할 때는 이념과 이론으로부터 자유로워야 한다. 이런 발상의 전제에는 각성에 대한 공포가 있다. 다른 것이 섞이면 보이지 않던 것이 보이기 마련이다. 지성과 과학만으로 악기를 만들 수 있다고 한다면 식민지 시대 이전에 만들었어야 했다. 정교한 악기 발달의 역사는 식민주의의 역사와 정확히 일치한다.

영어에 'And the moral of the story is'라는 표현이 있다. 부모가 아이에게 이야기를 들려주고 난 뒤 "자, 그러면 이 이야기로부터 말할 수 있는 것은……" 하면서 짧은 교훈과 결론을 끌어낼 때 사용한다. 그런데 '이야기'는 그렇게 짧게 결론 내릴 수 없다. 'And the moral of story is' 뒤에 나오는 의미 짓기는 이야기와 관계없이 그 사람이 말하고 싶은 것일 뿐이다. 세계 규모의 조직적인 야만스러운 행동을 배경으로 태어난 유럽의 아름다운 악기들이라는 이야기!

반사적으로 의미 짓기 하는 사람이 있을 것이다.

"미의 창조를 위해서는 파괴가 필요한 법이다."

"유럽의 악기들로부터 죽임을 당한 아이들과 엄마들의 절규가 들린다."

 그런데 이런 말들은 나에게 닳고 닳은 상투어로 들릴 뿐이다. 〈'일상'에서 ㄹ을 뺄 수 있다면〉이라는 제목의 글답게 개체 식별 가능한 대사로 끝내보자.

 "여기를 파지 마라"고 분노하는 천둥소리.

동사로 살다

1판 1쇄 발행 2021년 11월 24일
지은이 박동섭 | **펴낸이** 임중혁 | **펴낸곳** 빨간소금 | **등록** 2016년 11월 21일(제2016-000036호)
주소 (01021) 서울시 강북구 삼각산로 47, 나동 402호 | **전화** 02-916-4038
팩스 0505-320-4038 | **전자우편** redsaltbooks@gmail.com
ISBN 979-11-91383-08-9(03100)

• 책값은 뒤표지에 있습니다.